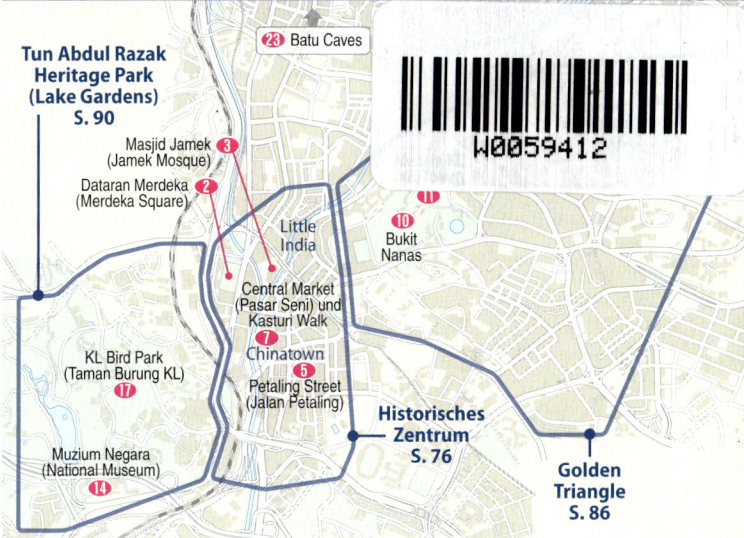

Kuala Lumpur auf einen Blick

0 — 1000 m

© REISE KNOW-HOW 2014

W0059412

- ㉓ Batu Caves
- Tun Abdul Razak Heritage Park (Lake Gardens) S. 90
- Masjid Jamek (Jamek Mosque) ❸
- Dataran Merdeka (Merdeka Square) ❷
- Little India
- ⓫
- ❿ Bukit Nanas
- Central Market (Pasar Seni) und Kasturi Walk
- ❼ Chinatown
- ❺
- Petaling Street (Jalan Petaling)
- KL Bird Park (Taman Burung KL) ⓱
- Muzium Negara (National Museum) ⓮
- **Historisches Zentrum S. 76**
- **Golden Triangle S. 86**

Inhalt

◁ *Imposant: die vergoldete Muru-gan-Statue vor den Batu Caves* ㉓

Exkurse zwischendurch

Klaudia und Eberhard Homann

CITY|TRIP
KUALA LUMPUR

Nicht verpassen!   Karte S. 3

2 Dataran Merdeka (Merdeka Square) [C4]

Koloniales Flair ist auf dem „Unabhängigkeitsplatz" mit seinen vielen historischen Gebäuden bis heute spürbar (s. S. 76).

3 Masjid Jamek (Jamek Mosque) [D4]

Wo alles begann! Am Zusammenfluss von Gombak und Klang wurde KL einst gegründet. Im idyllischen Garten der Moschee lässt sich Ruhe tanken (s. S. 79).

5 Petaling Street (Jalan Petaling) [D5]

Hier wird ge- und verkauft, hier ist Feilschen an der Tagesordnung, hier gibt es die besten Plagiate der Stadt (s. S. 81).

7 Central Market (Pasar Seni) und Kasturi Walk [C4]

Die Markthalle im Art-déco-Stil bietet etwas fürs Auge, ebenso wie die farbenfroh restaurierten Gebäude in der angrenzenden Jalan Kasturi. (s. S. 83).

10 Bukit Nanas [E3]

Ein tropisches Paradies für all jene, die die Reste des Dschungels erkunden möchten, der das Gebiet von KL früher vollständig bedeckte (s. S. 86).

11 Menara KL (KL Tower) [E3]

Der Fernsehturm auf dem Bukit Nanas **10** bietet eine herrliche Panoramasicht über die ganze Stadt (s. S. 86).

12 Petronas Twin Towers [G2]

Die gigantischen Zwillingstürme, einst das höchste Gebäude der Welt, haben sich zu einem echten Wahrzeichen Kuala Lumpurs entwickelt (s. S. 88).

14 Muzium Negara (National Museum) [B6]

Hier lässt sich die Geschichte Malaysias und seiner Hauptstadt besonders anschaulich erfahren (s. S. 90).

17 KL Bird Park (Taman Burung KL) [B5]

Die ebenso bunte wie exotische Vogelwelt Südostasiens versammelt unter einem riesigen Netz – beinahe wie in der freien Natur (s. S. 93)!

23 Batu Caves [dg]

Rund 300 Treppenstufen muss erklimmen, wer zum Heiligtum der Hindus in den Höhlen vordringen möchte. Exotik und Ausblick entschädigen für den vergossenen Schweiß (s. S. 96).

Leichte Orientierung mit dem cleveren Nummernsystem

Die Sehenswürdigkeiten der Stadt sind zum schnellen Auffinden mit **fortlaufenden Nummern** versehen. Diese verweisen auf die ausführliche Beschreibung **im Kapitel „Kuala Lumpur entdecken"** und zeigen auch die genaue Lage **im Stadtplan.**

Benutzungshinweise

Orientierungssystem

Eine **Liste der im Buch beschriebenen Örtlichkeiten** wie Sehenswürdigkeiten, Restaurants, Hotels, Cafés, Infostellen befindet sich auf S. 141.

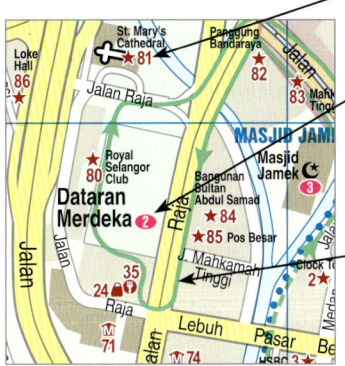

Bedeutung geografischer Begriffe

> *Bukit* (malaiisch: Hügel)
> *Dataran* (malaiisch: Platz)
> *Jalan* (malaiisch: Straße), abgekürzt Jl./J.
> *Leboh/Lebuh* (malaiisch: Allee)
> *Lorong* (malaiisch: Gasse)
> *Lot* (englisch: Grundstück, Parzelle)
> *Masjid* (malaiisch: Moschee)
> *Muzium* (malaiisch: Museum)
> *Seksyen* (gespr. wie das engl. *section*, malaiisch: Abschnitt/Bezirk)

Besonderheiten bei Adressangaben

> Die **Hausnummer** steht immer vorn.
> Manche Straßennamen sind **mehrfach vergeben;** eine Nummer gibt Auskunft darüber, welche Querstraße gemeint ist: 7 Jl. Telawi 3 bedeutet die dritte Jl. Telawi, Hausnr. 7.
> Die Angabe „2 Jl. Puncak, off Jl. P. Ramlee" bedeutet, dass die Jl. Puncak von der Jl. P. Ramlee abzweigt.

Zur schnelleren Orientierung tragen alle Hauptsehenswürdigkeiten und Lokalitäten sowohl im Text als auch im Kartenmaterial die gleiche Nummer:

★81 Mit Symbol und fortlaufender Nummer werden die sonstigen Lokalitäten wie Cafés, Geschäfte, Hotels, Infostellen usw. gekennzeichnet.

❷ Mit einer fortlaufenden magentafarbenen Nummer sind die Hauptsehenswürdigkeiten gekennzeichnet. Steht die Nummer im Fließtext, verweist sie auf die Beschreibung dieser Sehenswürdigkeit im Kapitel „Kuala Lumpur entdecken".

> Die farbige Linie markiert den Verlauf des Stadtspaziergangs (s. S. 21).

[C4] In eckigen Klammern steht das Planquadrat im Kartenmaterial, in diesem Beispiel Planquadrat C4.

Ortsmarken ohne Angabe des Planquadrats liegen außerhalb unserer Karten. Sie können aber wie alle Örtlichkeiten in unseren speziellen Luftbildkarten auf der Produktseite dieses Buches unter www.reise-know-how.de oder direkt unter http://ct-kualalumpur14.reise-know-how.de lokalisiert werden.

Vorwahlen

In diesem Buch sind **Festnetznummern mit Städtevorwahl,** aber ohne Ländervorwahl angegeben. Beim Telefonat aus Europa lässt man die 0 der Städtevorwahl weg.

> **Malaysia:** 0060
> **Kuala Lumpur:** 03

Bewertung der Sehenswürdigkeiten

★★★ auf keinen Fall verpassen
★★ besonders sehenswert
★ wichtige Sehenswürdigkeit für speziell interessierte Besucher

Impressum

Klaudia und Eberhard Homann

CityTrip Kuala Lumpur

erschienen im
REISE KNOW-HOW Verlag Peter Rump GmbH,
Osnabrücker Str. 79, 33649 Bielefeld

© REISE KNOW-HOW Verlag
Peter Rump GmbH
1. Auflage 2014
Alle Rechte vorbehalten.

ISBN 978-3-8317-2482-6
PRINTED IN GERMANY

Dieses Buch ist erhältlich in jeder Buch-
handlung Deutschlands, der Schweiz,
Österreichs, Belgiens und der Niederlande.
Bitte informieren Sie Ihren Buchhändler
über folgende Bezugsadressen:
Deutschland: Prolit GmbH, Postfach 9,
D-35461 Fernwald (Annerod)
sowie alle Barsortimente
Schweiz: AVA Verlagsauslieferung AG,
Postfach 27, CH-8910 Affoltern
Österreich: Mohr Morawa Buchvertrieb
GmbH, Sulzengasse 2, A-1230 Wien
Niederlande, Belgien: Willems
Adventure, www.willemsadventure.nl

Wer im Buchhandel kein Glück hat,
bekommt unsere Bücher auch über
unseren Büchershop im Internet:
www.reise-know-how.de

Herausgeber: Klaus Werner
Lektorat und Layout:
amundo media GmbH
Karten: Ingenieurbüro B. Spachmüller,
amundo media GmbH
Druck und Bindung: Media-Print, Paderborn
Fotos: siehe Bildnachweis S. 140
Anzeigenvertrieb: KV Kommunalverlag
GmbH & Co. KG, Alte Landstraße 23,
85521 Ottobrunn, Tel. 089 928096-0,
info@kommunal-verlag.de

Wir freuen uns über Kritik, Kommentare
und Verbesserungsvorschläge:
info@reise-know-how.de

Aktuelle Informationen nach Redaktionsschluss

Unter **www.reise-know-how.de** werden
aktuelle Ergänzungen und Änderungen
der Autoren und Leser zum vorliegenden
Buch bereitgestellt. Sie sind auch in der
Gratis-App zum Buch abrufbar.

www.reise-know-how.de
‣ Ergänzungen nach Redaktionsschluss
‣ kostenlose Zusatzinfos und Downloads
‣ das komplette Verlagsprogramm
‣ aktuelle Erscheinungstermine
‣ Newsletter abonnieren
Verlagsshop mit Sonderangeboten

Auf ins Vergnügen

002kl Abb.: ho

Kuala Lumpur besitzt einen eigentümlichen Namen: Kuala ist das malaiische Wort für „Flussmündung", Lumpur bedeutet „Schlamm". Zinnsucher gründeten die Stadt Mitte des 19. Jh. am Zusammenfluss von Gombak und Klang, der besagten „schlammigen Flussmündung". Aus dem Dorf wurde bald eine Stadt, aus der Stadt eine Metropole und aus der Metropole schließlich die Hauptstadt Malaysias.

Kuala Lumpur an einem Tag

Kuala Lumpur an einem Tag? Ja, das ist möglich, wenngleich man sich auf die zentralen Stadtviertel und die wichtigsten Sehenswürdigkeiten beschränken muss. Dennoch lässt sich auch innerhalb eines Tages ein interessanter Einblick in die lebhafte Metropole Südostasiens gewinnen.

Ein solch kurzer Abstecher nach Kuala Lumpur oder **KL**, wie die Stadt von seinen Bewohnern kurz genannt wird, kommt vor allem für Reisende in Betracht, die etwa auf dem **Flug von oder nach Australien** einen **kurzen Stopover** in der malaysischen Hauptstadt einlegen möchten. Eine zweite Gruppe, die oft für einen Zwischenstopp in Kuala Lumpur weilt, sind die **Passagiere von Kreuzfahrtschiffen,** die nicht an den organisierten und zumeist sehr teuren Sightseeing-Programmen teilnehmen möchten. Die Schiffe legen im nahen **Port Klang** an, rund 40 km von KL entfernt.

◁ *Vorseite: Leckere „roti"
(s. S. 39) – schon das Zuschauen bei der Zubereitung ist ein Genuss*

Ganz egal, ob man mit dem Schiff oder dem Flieger angekommen ist, zunächst einmal muss man in die Stadt gelangen. Wegen der Kürze der Zeit schlagen wir die **Anreise mit dem Taxi** (s. S. 129) vor. Wer Kuala Lumpur am Morgen erreicht, sollte zunächst einmal die **eindrucksvollen Batu Caves ㉓** vor den Toren der Stadt besuchen. Morgens ist es noch nicht so drückend heiß, sodass man den Aufstieg über die mehr als 300 engen Stufen problemlos schafft. Am besten ist es, den Fahrer während der Besichtigung an den Höhlen warten zu lassen: Das spart Zeit. Meist kann man die Höhlen über die Highways weitgehend staufrei erreichen – die Ausnahme bilden hohe hinduistische Festtage wie Thaipusam (s. S. 56) oder Deepavali (s. S. 58).

Von den Batu Caves lässt man sich mit dem Taxi zum **Kuala Lumpur City Centre,** kurz **KLCC** bringen. Hier warten die **Petronas Twin Towers ⑫** darauf, bestaunt zu werden. Von den länglichen Brunnen nordwestlich der Türme, an der Ecke Jalan P. Ramlee/Jalan Ampang [G1], lassen sich die Giganten ausgezeichnet fotografieren. Steht die Sonne ungünstig, geht man an den Brunnen vorbei zum Haupteingang, durchquert die große Halle, in der es zur Philharmonie (Dewan Filharmonik Petronas, s. S. 50) geht, und verlässt das Gebäude durch den rückwärtigen Ausgang Richtung **Simfoni Lake**. Neben einer grandiosen Sicht erfreuen hier tanzende Wasserfontänen die Augen, abends sind sie sogar beleuchtet.

Zurück im Gebäude befindet man sich im **Suria KLCC** (s. S. 32), einer der größten, schönsten und luxuriösesten Shoppingmalls der Stadt. Naturinteressierte sollten auf jeden Fall dem **Aquaria KLCC ⑬** einen Besuch

007ki Abb.: ho

abstatten, einem erlebenswerten Aquarium mit großem Unterwassertunnel. Hier erhält man einen wunderbaren Einblick in die Unterwasserwelt Südostasiens. Hierfür sollte man jedoch mindestens zwei Stunden einplanen.

Vom **LRT-Bahnhof KLCC** [G/H1] geht es mit einem Ticket für die Kelana-Jaya-Linie drei Stationen nach Süden zur **Masjid Jamek** ❸. Die **Moschee** wurde einst am Zusammenfluss von Klang und Gombak erbaut, jenem schlammigen Delta, das der Stadt ihren Namen gab. Von hier aus erreicht man zu Fuß den **Dataran Merdeka** ❷ (wörtlich: „Unabhängigkeitsplatz"), auf dem einst britische Großgrundbesitzer Hockey spielten und der später zum Symbol der Souveränität Malaysias wurde. Am weithin sichtbaren **Flaggenmast** weht die Nationalfahne. Rund um den Platz gruppieren sich herrlich restaurierte Bauten der Kolonialzeit wie der **Royal Selangor Club** oder das **Sultan Abdul Samad Building**. Wer Hunger hat, kann sich im **D'Greenwood** (s. S. 46) in unterirdischen Einkaufszentrum Dataran Undrgrnd mit einem Snack versorgen.

Nun muss man sich mit Blick auf die Uhr entscheiden: Ab dem frühen Abend (ca. 18.30 Uhr) erkundet man am besten die nahegelegene **Chinatown** oder aber man hat auch noch Zeit für einen Abstecher zum **Menara KL** ⓫, dem Fernsehturm von KL. Dies lohnt aber nur, wenn das Wetter mitspielt, sonst ist die Aussicht zu trübe. Dorthin gelangt man am besten mit dem Taxi. Mit dem Aufzug geht es hoch auf ein Aussichtsrondell in fast 300 m Höhe – hier eröffnet sich ein **herrlicher Rundumblick** über ganz Kuala Lumpur.

Ganz in der Nähe des Fernsehturms weicht die Zivilisation ein wenig der ursprünglichen Vegetation des Regenwaldes, die einst das Stadtgebiet bestimmte. Hier, am **Bukit Nanas** ❿, befindet sich das **Bukit Nanas Forest Reserve** mit einem kleinen Waldlehrpfad, für den man im Schnelldurchgang ca. 30 Min. benötigt.

⌂ Blick auf die Skyline der Stadt mit dem Fernsehturm Menara KL ⓫ und einem der Petronas Twin Towers ⓬

Kuala Lumpur an einem Tag

Von hier aus sind es nur noch wenige Schritte nach **Chinatown**; dabei streift man auch **Little India**. An der Straße Lebuh Pudu [D4] (weitere Schreibweise: Leboh Pudu) reihen sich indische Gewürz- und Stoffläden, chinesische Lokale und winzige Goldgeschäfte aneinander. In Chinatown ist der **Sin Sze Si Ya Temple** ❽, der älteste taoistische Tempel Kuala Lumpurs, besonders sehenswert.

Nicht weit entfernt befindet sich die Jalan Hang Kasturi [D4], der heutige **Kasturi Walk** ❼. Die alten Gebäude sind hier besonders schön restauriert worden. Obwohl hinter den bunten Fassaden fast überall Restaurants und moderne Läden eingezogen sind, konnten sich hier zumindest noch einige **alteingesessene Gewürzhändler** halten. Auf der gegenüberliegenden Straßenseite steht das langgestreckte Gebäude des **Central Market** ❼, der einstigen Markthalle für Frisch-

waren. In dem im Art-déco-Stil erbauten und schick renovierten Bauwerk gibt es heute jede Menge Stände mit **Kunsthandwerk.** Hier kann man sich mit Mitbringseln eindecken und im **Old Town White Coffee** (s. S. 46) eine kleine Stärkung zu sich nehmen.

Wer noch mehr Lust auf Shopping hat, für den bietet sich der **Markt in der Petaling Street** ❺ an. Die Straße ist überdacht, um den Handel witterungsunabhängig zu ermöglichen. Überall erhält man Kitsch, Souvenirs und vor allem Plagiate international bekannter Luxusmarken.

Den Abschluss des eintägigen Aufenthalts bildet eine Stippvisite im **Sri Maha Mariamman Temple** ❻. Sein 22 m hohes, beeindruckendes Eingangsportal zeigt zahlreiche hinduistische Gottheiten und religiöse Szenen. Vom Tempel aus erreicht man in wenigen Minuten die LRT-Station Pasar Seni.

008k Abb.: ho

Kuala Lumpur im Intensivdurchgang

Wer die malaysischen Hauptstadt in drei bis vier Tagen besucht, hat genügend Zeit, um die meisten Sehenswürdigkeiten und Attraktionen KLs intensiv kennenzulernen. Da Kuala Lumpur eine beliebte Destination für Shoppingbegeisterte ist, sollte man mindestens einen Tag dafür einplanen. Alternativ kann man die Shoppingtour auf mehrere Tage verteilen, also shoppen, wann immer sich die Gelegenheit dazu bietet – das hängt ganz von den individuellen Vorlieben ab. Um dem Trubel der Großstadt dann und wann zu entfliehen, sollte auch Entspannung auf dem Programm stehen, z. B. eine Pause im Hotelpool, sofern die Unterkunft einen bietet. Selbstverständlich warten auch vielfältige kulinarische Genüsse auf den Reisenden.

1. Tag: Eintauchen in Natur und Kultur der Stadt

Die meisten **Flieger aus Europa** landen **ab dem späten Nachmittag** auf dem Flughafen KLIA (s. S. 104), manche erst spätabends. Am besten ist es, wenn man bereits ein Zimmer reserviert hat und sich nach dem langen Flug zunächst einmal ausruhen kann. In den ersten Tagen hat man ohnehin mehr oder weniger stark mit dem **Jetlag** zu kämpfen (Maßnahmen: s. S. 105).

Um die Vielzahl an Eindrücken, die auf den Neuankömmling einströmen, etwas abzumildern, sollen zunächst Einblicke in die Natur und Kultur im Fokus stehen. Dazu fährt man mit

dem Taxi oder der Bahn zum **KL Sentral** (s. S. 106), dem Hauptbahnhof der Stadt. Je nachdem, wo man wohnt, kann man so unterwegs schon erste Eindrücke sammeln, die Menschen beobachten und ihre Sprache hören. Wer jetzt schon ein Päuschen braucht, kehrt im **Kelantan Delights** (s. S. 46) ein.

Mit dem Taxi kommt man auf dem überdachten Vorplatz an, mit der Bahn auf einer der oberen Trassen. Wer es bisher versäumt hatte, sich mit genügend malaysischen Ringgit (RM) zu versorgen, findet in der Bahnhofshalle, die ein wenig an eine Shoppingmall erinnert, **Money Changer** und **Geldautomaten (ATM)**.

Ganz in der Nähe des Hauptbahnhofs befindet sich das **Muzium Negara ⑭**, das Nationalmuseum Kuala Lumpurs. Der Weg dorthin ist ausgeschildert.

Vom Museum aus erreicht man über einen Fußweg den **Tun Abdul Razak Heritage Park**, besser bekannt unter seinem früheren Namen **Lake Gardens**. Dessen Zentrum bildet der **Perdana Botanical Garden ⑮**. Die **idyllischen Spazierwege** erstrecken sich unter riesigen, Schatten spendenden Mimosen und Flamboyant-Bäumen. Hier gibt es weitere Attraktionen zu entdecken: Der **Taman Rusa (Deer Park)** ist ein Freigehege für Hirsche, durch das man hindurchgehen kann. Auf dem Hügel gegenüber befindet sich das **Memorial Tun Abdul Razak ⑯**, ein Museum, das an den einstigen malaysischen Premierminister erinnert. Von hier aus erreicht man den **KL Bird Park ⑰**. In Einzelgehegen und riesigen Aviarien (Freiflughallen) kommt man der Vogelwelt Malaysias ausgesprochen nahe. Ge-

◁ *Touristen sind auch in religiösen Stätten gerne gesehene Gäste*

051kl Abb.: ho

genüber dem Vogelpark beginnt der **Orchid Garden,** in dem verschiedenste Orchideenarten präsentiert werden. Dieser Garten geht in den **Hibiscus Park** über, der der **Nationalblüte Malaysias,** dem Hibiskus, gewidmet ist. Nicht weit entfernt liegt der sehenswerte **KL Butterfly Park 18,** in dem man die Welt der Schmetterlinge erleben kann. Ganz nebenbei kann man zahlreiche exotische Pflanzen und mit etwas Glück auch allerlei Tiere entdecken: freche Javaneraffen, flinke Hörnchen oder riesige Ameisen. Im äußersten Norden des Gebietes erreicht man das **National Monument (Tugu Peringatan Negara).**

Wer nun genug Schweiß vergossen hat, möchte vielleicht eine Pause einlegen und zurück ins Hotel. Wer noch nicht fußlahm ist, läuft zur **Masjid Negara 20,** der Nationalmoschee mit ihrer modernen Architektur. Über das Gewirr der Schnellstraßen erreicht man außerdem schnell den **Central Market 7.** In der hübsch restaurierten Markthalle kann man **Souvenirs**

erstehen und in einem der **Restaurants und Kaffeehäuser** (z. B. im Uncle Wah Coffee Corner, s. S. 46) neue Kraft tanken. Besonders interessant ist der Gang durch den benachbarten **Kasturi Walk 7** mit seinen wunderschön restaurierten Häusern unter dem Dach in Form eines überdimensionalen Steigdrachens.

Möchte man nun, aller Müdigkeit zum Trotz, noch weiter shoppen, begibt man sich in die benachbarte **Petaling Street 5.** Am besten lässt man sich treiben: Die Händler bieten von rechts und links Taschen, Koffer, Hemden, T-Shirts, Uhren, Schmuck und weitere **Plagiate** an (s. Hinweise zum Zoll auf S. 28). Natürlich

⌃ *Das Sultan Abdul Samad Building ist eines der architektonischen Highlights am Dataran Merdeka 2*

⌄ *Meterhohe Wasserfontänen: am Simfoni Lake hinter den Petronas Twin Towers 12*

kann man hier auch eines der Lokale, etwa das **Kim Lian Kee Restaurant** (s. S. 45), ausprobieren und das lebhafte Geschehen beim Genuss leckerer chinesischer Speisen beobachten. Nach dem Ende der Einkaufstour nimmt man entweder an den jeweiligen Endpunkten des Marktes ein Taxi oder erreicht über die Jalan Hang Lekir [D5] nach wenigen Metern die LRT-Station Pasar Seni.

2. Tag: Historische Highlights und Art déco in Chinatown

Der nächste Tag beginnt mit einem Besuch in **Chinatown**. Am besten fährt man mit der Bahn zur LRT-Station Pasar Seni (Kelana-Jaya-Linie). Über die Jalan Sultan kommt man zur Jalan Panggong [D5].

Auf der gegenüberliegenden Straßenseite des Parkplatzes steht ein **Sikh-Tempel** von 1964, der allerdings nicht besichtigt werden kann. An der nächsten Kreuzung befindet sich der **Chan See Shu Yuen Temple ❾**, das älteste buddhistische Gotteshaus

KLs, das für seine kunstvollen Kacheln, Malereien und Skulpturen bekannt ist.

Nun geht es in die **Petaling Street ❺**. An der parallel verlaufenden **Jalan Sultan** gibt es noch zahlreiche ursprüngliche Geschäfte und Restaurants, die in ihrer Architektur und Innenausstattung viel vom Flair vergangener Zeiten bewahrt haben. Unweit des Markttreibens lockt der hinduistische **Sri Maha Mariamman Temple ❻**. Vor dem Eingang zieht man seine Schuhe aus. Händler bieten intensiv duftende Blütenketten, Räucherstäbchen tun ihr Übriges. Hier lohnt es sich, ein wenig zu verweilen und die einzigartige Stimmung auf sich wirken zu lassen. Nach so viel Kultur und Kaufkraft kann ein kühler Drink nicht schaden. Besonders nett sitzt man in der **Reggae Pub & Bar** (s. S. 48).

Wendet man sich nach Norden, so erreicht man den taoistischen **Sin Sze Si Ya Temple ❽**, der im Auftrag von *Kapitan Cina* Yap Ah Loy (s. S. 65) errichtet wurde.

009kl Abb.: ho

Über die Jalan Hang Kasturi, vorbei am **Central Market** ❼, kommt man zur **Fußgängerzone, der Lebuh Ampang** [D4]. Ein großer **Kompass im Boden** dient der Orientierung. Im Süden des Platzes **Medan Pasar** [D4], der auch **Old Market Square** genannt wird, steht das alte **OCBC Building** (Oversea-Chinese Banking Corporation), das 1938 im Art-déco-Stil erbaut wurde.

Hinter dem Kompass ragt als Säule mit Art-déco-Stilelementen der **Clock Tower** auf, der 1937 zu Ehren des britischen Königs George VI. (1895–1952) errichtet wurde. Am besten geht man nicht zu direkt auf diese Uhr zu, denn im Boden befinden sich Löcher, aus denen in Abständen **Wasserfontänen** hervorschießen. Wenn man den Blick nur bis zur ersten Etage hebt, erlebt man echtes Kolonialfeeling, schaut man aber höher, entdeckt man überall die riesigen Wolkenkratzer der Büros und Banken, die das Viertel umgeben.

Wer Interesse an Brückenkonstruktionen hat, für den lohnt ein Besuch auf der **Brücke**, die mit der Lebuh Pasar Besar [C/D4] den Klang überspannt. Hier stand 1883 die erste Stahlbrücke der Stadt, deren Grundelemente bis heute erhalten sind.

Der Weg führt nun zu den Hochhäusern jenseits des Uhrenturms und folgt, vorbei am **HSBC Building**, weiter der Lebuh Ampang. An der Kreuzung mit der Jalan Tun Perak [D4] steht das hellgrau-weiße **Old Gian Singh Building**. 1909 erbaut, hatte es in rascher Folge unterschiedliche Besitzer (Holländer, Inder und Briten), die dem Gebäude jeweils einen eigenen architektonischen Touch gaben.

An der Jalan Tun Perak steht rechter Hand das **Bank Bumiputra Building**, auch bekannt als **Oriental Building**, das 1939 von A. O. Coltman im Art-déco-Stil errichtet wurde und früher als Sitz des ersten Radiosenders Malaysias (Radio Malaya) diente. Angeblich soll man in der Architektur ein Radio der 1930er-Jahre erkennen können. Doch zurück zur **Lebuh Am-**

⌃ *Die Flussmündung von Gombak (links) und Klang (rechts)*

pang. Noch bis in die 1990er-Jahre gab es viele indisch-tamilische Bankiers in dieser Gegend, die auch als „kittinghi" (Geldverleiherviertel) bekannt war. Sie kamen aus Südindien und gehörten der Nattukottai-Chettiar-Gemeinschaft an, die zur Gründung des Bankensystems in Malaysia beitrug. Zudem gab es eine ganze Reihe von **Goldhändlern.** Von diesen sind nur wenige geblieben; die meisten Geschäfte sind zu Restaurants und kleinen Läden umgebaut worden. Folgt man der Lebuh Ampang, kommt man zur **Jalan Ampang** [D3]. Schon nach wenigen Metern erreicht man wieder den Fluss Klang, der hier auf einer Brücke überquert werden kann.

Jenseits des Flussufers liegt die Lorong Bunus Satu [D3]: Schon ist man mitten im **indischen Viertel (Little India).** Saris und Henna werden hier ebenso angeboten wie allerlei Schmuck und Zierrat. Entlang der Jalan Masjid India reihen sich indische Geschäfte und etliche Stände am Straßenrand. Rechter Hand erhebt sich die **Masjid India** ❹ mit ihren Türmen und Rundbogenfenstern. Vor der Moschee befindet sich ein überdachter **Straßenmarkt,** auf dem man optimal nach Mitbringseln stöbern kann. Am anderen Ende des Marktes führt die Jalan Melayu nach links zur **Masjid Jamek** ❸ am Zusammenfluss von Klang und Gombak.

Nach dem Besuch der Moschee lohnt der kurze Weg zum **Dataran Merdeka** ❷, dem Unabhängigkeitsplatz. Leckereien für zwischendurch gibt es in der Mall unter dem Platz, z. B. bei **My Chocolate** (s. S. 34). Auf mehrspurigen Straßen braust der Verkehr vorbei, aber in der Architektur der Gebäude, die den Platz umgeben, scheint die Zeit stehen ge-

blieben zu sein. Hierzu gehören die **St. Mary's Cathedral** und der **Royal Selangor Club** im Tudor-Stil. Inmitten des Platzes erhebt sich der 100 m hohe **Flaggenmast** mit der malaysischen Fahne als Symbol der Unabhängigkeit. Direkt daneben plätschert ein **viktorianischer Brunnen.**

Östlich des Platzes erstreckt sich das 1897 fertiggestellte **Sultan Abdul Samad Building** mit hohen Türmen und schwarzen Kuppeldächern. Ein Stück weiter nördlich, über den Fluss Gomak hinweg, befindet sich das **Panggung Bandaraya (DBKL City Theatre),** gefolgt vom **Old High Court Building,** dem ehemaligen Sitz des Hohen Gerichts.

Am Dataran Merdeka bieten sich auch zwei Museen zum kurzweiligen Besuch an: Gegenüber vom **Muzium Tekstil Negara** (s. S. 53) befindet sich die **Kuala Lumpur City Gallery** (s. S. 52), in der zahlreiche Ausstellungsstücke sowohl das historische als auch das moderne KL näherbringen.

Nahe der **St. Mary's Cathedral** laden Schatten spendende **Laubengänge,** die mit Hibiskus und Bougainvilleen bepflanzt sind, und ein kleiner Brunnen zu einer Atempause ein (man sollte sich aber nicht vom permanenten Straßenlärm beeindrucken lassen). An der Masjid Jamek ❸ findet man die nächste LRT-Station, um zurück zu seiner Unterkunft zu gelangen.

★1 [D4] **OCBC Building,**
  Leboh Pasar Besar/Jl. Hang Kasturi
★2 [D4] **Clock Tower,** Leboh Pasar Besar
★3 [D4] **HSBC Building,**
  Leboh Pasar Besar/Jl. Hang Kasturi
★4 [D4] **Old Gian Singh Building,**
  Jl. Tun Perak/Leboh Ampang
★5 [D4] **Oriental Building (Bank Bumiputra Building),** Jl. Tun Perak/Jl. Melaka

Das gibt es nur in Kuala Lumpur

> *Dschungel im Großstadtdschungel:* Der **Bukit Nanas** ❿, zu Deutsch „Ananashügel", war schon immer bewaldet. Einst wuchs hier tropischer Regenwald, dann kam die Stadtentwicklung und mit ihr der Bau des Fernsehturms **Menara KL** ⓫. Den ehrgeizigen Entwicklungsprojekten musste viel Waldfläche weichen. Geblieben ist jedoch ein rund 10 ha großer Rest des echten malaysischen Dschungels. Hier kann man auf einem Waldlehrpfad wandern, sich von den Mücken stechen lassen und einen Eindruck gewinnen, wie es in KL vor der Besiedelung aussah.

> *Petaling Street* ❺ *in Chinatown:* Märkte, insbesondere Nachtmärkte, gibt es in Kuala Lumpur in großer Zahl, aber einen, auf dem fast nur Plagiate gehandelt werden, der aber zugleich von der Stadt überdacht wurde, sodass man ganztägig und bei jedem Wetter einkaufen kann – ein Kuriosum.

> *Petronas Twin Towers* ⓬: Früher das höchste Gebäude der Welt, erlangten die beiden Türme schnell große Bekanntheit. Dabei half sogar Hollywood, denn der Thriller „Verlockende Falle" mit Sean Connery und Catherine Zeta-Jones spielt teilweise hier. Obwohl sie mittlerweile in der Liste der höchsten Gebäude weltweit nur noch an achter Stelle rangieren, sind sie als Zwillingstürme mit ihrer charakteristischen achteckigen Form ein einzigartiger Besuchermagnet.

> *Die größte Murugan-Statue der Welt:* Vor dem Heiligtum der Hindus, den berühmten **Batu Caves** ㉓, steht alles überblickend und weithin sichtbar die 42,7 m hohe Statue des Gottes Murugan, der auch als Subramaniam oder Skanda bekannt ist. Unter dem

052kl Abb.: ho

◁ *Goldbemalter Gigant: der Hindugott Murugan wird häufig als junger Mann mit Lanze dargestellt*

3. Tag: Das moderne KL

Namen Murugan und als Sohn Shivas wird er vor allem von den Tamilen verehrt. Die Statue wurde nach dreijähriger Bauzeit im Januar 2006 enthüllt. Bis heute ist sie der Rekordhalter in Sachen Größe weltweit. Zum Bau verarbeitete man 1550 m³ Beton, 250 t Stahlträger und 300 l Goldfarbe, die extra aus Thailand eingeführt wurde. Der Kostenpunkt belief sich auf über 2 Mio. Ringgit (ca. 450.000 €).

❯ *Art déco in Chinatown:* Chinatown (s. S. 81) bezeichnet – in KL wie anderswo – den Bereich einer Stadt, in dem sich die chinesischstämmige Bevölkerung niedergelassen hat. Schnell denkt man an bunte Lampions, buddhistische Tempel und Räucherstäbchen. All das gibt es natürlich auch in KLs Chinatown, aber das ist nicht alles. In den 1920er- bis 1940er-Jahren hat hier Art déco Fuß gefasst, jene Stilrichtung, die ursprünglich aus Europa kam und sich dann vor allem in den USA entwickelte. Die vorwiegend in der Architektur zum Ausdruck gebrachte Kombination von Eleganz und Funktionalität erklärte das Überflüssige (etwa betonte Ornamente) zum Notwendigen und zeigte sich in klaren, geometrischen Linien. Den Art-déco-Stil findet man bis heute in KL, denn einige Gebäude sind liebevoll restauriert worden, allen voran der **Central Market ❶**, aber auch das **Oriental Building** (s. S. 15). Einen Eindruck gewinnt man, folgt man den Erlebnisvorschlägen im Abschnitt „Kuala Lumpur im Intensivdurchgang" (2. Tag, s. S. 13).

Nachdem man am ersten und zweiten Tag in der Natur und auf den Spuren des historischen Kuala Lumpurs gewandelt ist, steht heute das moderne KL auf dem Programm. Neben **Sightseeing** steht heute auch das **Einkaufen** im Mittelpunkt.

Entweder beginnt man den Tag mit einem reichhaltigen Frühstück in der Unterkunft oder holt dies am ersten Ziel des Tages nach. Mit der LRT-Bahn, dem Taxi oder zu Fuß geht es zunächst ins **Kuala Lumpur City Centre**, kurz **KLCC**. Erstes Ziel ist **Suria KLCC** (s. S. 32), die riesige Shoppingmall unter den **Petronas Twin Towers ⓬**. Die Bahnstation liegt unterirdisch; man folgt der Ausschilderung „KLCC". Unmittelbar am Eingang zum Einkaufszenrum finden Hungrige verschiedene **Bäckereien und Lokale zum Frühstücken**. Sollten diese nicht den Geschmack treffen, kann man sich direkt zum **Food Court in der zweiten Etage** begeben und hier herzhaft malaysisch speisen.

Danach geht es ins **Zentrum der Mall**. Links sitzt der Concierge, rechts befinden sich **gläserne Aufzüge**, darüber öffnet sich eine nach oben hin spitz zulaufende Dachkonstruktion. Auf jeder Ebene kann man um diesen Bereich herum flanieren und nach unten oder oben blicken. Alles, was Rang und Namen hat, besitzt hier ein Geschäft und bietet Waren zu gehobenen, oft jedoch unerschwinglichen Preisen an. Bei einigen Produkten kann man aber durchaus das eine oder andere Schnäppchen machen, etwa bei Kontaktlinsen oder Luxuswaren wie Uhren und Schmuck.

Über die untere Ebene oder über den Außenbereich gelangt man zum **Aquaria KLCC ⓭**. In dem riesigen

Aquarium erlebt man die Unterwasserwelt der Region. Vom Erdgeschoss *(Ground Level)* aus erreicht man die **Petronas Twin Towers** ⑫, nachdem man zunächst die Lobby der **Philharmonie** (Dewan Filharmonik Petronas, s. S. 50) durchquert hat. Vorbei an der **Springbrunnenlandschaft** im Außenbereich kann man die Zwillingstürme aus nächster Nähe erleben: ein echtes Wow-Erlebnis.

Südöstlich des Suria KLCC befindet sich ein kleiner See, der **Simfoni Lake,** in dem Fontänen zur Musik tanzen, abends sogar mit festlich-bunter Beleuchtung. Erneut lässt sich ein unvergesslicher Blick auf die Twin Towers erhaschen. Nachdem man über längere Zeit im klimatisierten Bereich des Einkaufszentrums weilte, ist ein **Spaziergang** rund um den See eine echte Wohltat. Hier zwitschern Vögel, hier kann man auf Bänken verschnaufen.

Beiderseits der **Jalan Ampang** [D3–F2] erheben sich **Wolkenkratzer** und, als wolle die Natur etwas dagegensetzen, auch ein paar letzte, verbliebene

Straßenbäume. Auch sie sind echte Giganten, deren mächtige Stämme riesige Kronen stützen. Baumfarne und andere Epiphyten (Aufsitzerpflanzen) bevölkern diese Bäume, deren Wurzelwerk im Gehweg steckt und Platten anhebt. Einen Kontrast zu den modernen Hochhäusern bilden die hölzernen Gebäude des **Malaysia Tourism Centre,** kurz **MaTiC** (s. S. 115). Hier finden Touristen in allen Belangen Hilfe. Gleichzeitig können sie einen Blick in das alte KL werfen, denn die Häuser aus der Kolonialzeit stehen in einem hübschen Garten, der die Idylle vergangener Zeiten trefflich widerspiegelt.

Nur wenige Schritte weiter, an der Jalan Sultan Ismail, befindet sich das **Hard Rock Cafe** (s. S. 48). Hunger? Hier gibt es allerlei westlichamerikanische Gerichte und die unter Fans begehrten T-Shirts. Auf der gegenüberliegenden Straßenseite kann man zwischen Hotels und Bürogebäuden einen Blick auf die **grüne Kulisse** dahinter und den riesigen Turm auf dem Hügel erhaschen, den

067kl Abb.: ho

Fernsehturm **Menara KL** 🈂. Gutes Wetter vorausgesetzt, sollte man sich den Panoramablick von der in fast 300 m Höhe befindlichen **Aussichtsplattform** nicht entgehen lassen. Wer mag, kann im **Restaurant** darüber einen Tisch reservieren und im drehenden Restaurant ein allerdings recht teures Dinner genießen.

Zurück in der **Jalan Sultan Ismail** steht man im wahrsten Sinne des Wortes vor einem herrschaftlichen Palast: dem **Hotel Istana** (s. S. 126) – Istana ist nämlich das malaiische Wort für „Palast". Vorbei an weiteren Hotels und Hochhäusern erreicht man das angesagte **Shoppingviertel Bukit Bintang** („Sternenhügel"). Hier warten zahlreiche Einkaufszentren auf kaufwillige Kunden, darunter die luxuriöse Mall **Pavilion Kuala Lumpur**, die **Starhill Gallery**, **Plaza Low Yat** und das trendige **Sungei Wang Plaza** (alle s. S. 32). Unmittelbar gegenüber des **Plaza Low Yat** gibt es viele Bars, Kneipen und Restaurants, denn die Gegend ist abends ein beliebter **Treffpunkt für die Partyszene der Stadt**. Nach einem sättigenden Abendessen, z. B. im Restaurant **Enak** (s. S. 45) mit malaiischen Spezialitäten, lässt sich der Tag in einer der Bars beschließen – wie wäre es etwa mit einem Besuch im szenigen **Frangipani** (s. S. 47)? Zurück in die Unterkunft geht es von der Monorail-Station Bukit Bintang oder mit dem Taxi.

Kuala Lumpur für Citybummler

Kuala Lumpur, das löst unwillkürlich Kopfkino aus: Man denkt an gigantische Hochhäuser, allen voran die berühmten Petronas Twin Towers, an lächelnde, freundliche Menschen in bunter Kleidung, an exotische Speisen, vielleicht sogar an tropische Vegetation und geheimnisvollen Dschungel. Die Mischung verschiedenster Gerüche, Farben und Geräusche verspricht Exotik pur. Und dann kommt man an und alles ist genau so, wie man es sich vorgestellt hat – und doch ganz anders, denn die Stadt hält für den Reisenden so manche Überraschung parat.

In der Tourismuswerbung wird KL als **„dazzling city"** beschrieben; auf Deutsch bedeutet das soviel wie „blendend" und „grell", aber auch „verwirrend" und „umwerfend". All diese Attribute treffen auf Kuala Lumpur zu.

Überall begegnet dem Besucher eine **bunte Mischung aus Orient und Okzident**, durchsetzt mit Elementen malaiischer, chinesischer, indischer und indigener Kultur. Die verschiedenen Religionen – Islam, Buddhismus, Taoismus, Hinduismus und Christentum – sind überall präsent. In der malaysischen Hauptstadt schwirren unterschiedlichste **Sprachen** durcheinander: Malaiisch, Englisch, diverse chinesische und indische Dialekte und manchmal sogar die Sprachen der Ureinwohner, der Orang Asli. Die **Vielfalt an Gerüchen und Farben** sucht ihresgleichen. Möchte man eine Pause einlegen, etwas essen oder trinken, findet man nahezu überall und rund um die Uhr Essensstände, Garküchen, Restaurants oder

◁ *Wasserspiele im Springbrunnen vor der Shoppingmall Pavilion Kuala Lumpur (s. S. 32) in Bukit Bintang*

O11kl Abb.: ho

einfache *Kedai Kopi* (s. S. 42). Gerade in den **einfachen Lokalen** lässt sich besonders viel von der Atmosphäre der Stadt aufnehmen.

Grell wirkt Kuala Lumpur vor allem im modernen Stadtzentrum, dem **Kuala Lumpur City Centre**, kurz **KLCC**. Hier finden sich die neuesten Shoppingmalls, die Luxushotels, die großen Bürohäuser und die **Embleme der Stadt**, die imposanten **Petronas Twin Towers** ⑫.

Den **besten Überblick** über Kuala Lumpur verschafft man sich vom **Menara KL** ⑪, dem Fernsehturm Kuala Lumpurs. Von der gut 300 m hohen Aussichtsplattform kann man alle Stadtteile ausgiebig und in Ruhe von oben betrachten. Dem **kolonialen Erbe der Stadt** kommt man rund um den Dataran Merdeka ❷ nahe, historisches Flair ist auch in Little India spürbar. Ein Highlight für Besucher ist der **Stadtdschungel** rund um den Bukit Nanas ⑩. Shoppingfreunde und Nachtschwärmer kommen in **Bukit Bintang** [F/G5] auf ihre Kosten. Von nahezu jedem Punkt aus sind die Pe-

tronas Twin Towers sichtbar. Bei Sonnenuntergang erstrahlen die Zwillingstürme in einem fast magischen Licht, unterstützt durch eine Vielzahl von Lichtern. Im **quirligen Chinatown** rund um die Petaling Street ❺ kann man preiswert shoppen und sich im Feilschen (s. Tipps S. 28) üben.

Die typischen **Begleiter südostasiatischen Großstadtlebens** sind auch in KL präsent: **Hektik, Straßenlärm** und allgegenwärtige **Staus**. Kuala Lumpur ist eine Stadt der Auto- und Mopedfahrer. Scheinbar jeder hat es eilig, die Straßen sind angefüllt mit hupenden, drängelnden und gegen viele Regeln verstoßenden Autofahrern. Lärm, egal ob vom Verkehr, von einer der vielen Baustellen oder von laut miteinander kommunizierenden Menschen, ist allgegenwärtig – am ehesten kehrt **Ruhe** ein, wenn die **Muezzine** in den Moscheen zum Gebet rufen.

⌂ *Lebhaft und bunt: der Straßenmarkt auf der Jalan Masjid India [D3]*

Die klimatisierten Bahnen **LRT und Monorail** (s. S. 128) sind zu den Stoßzeiten morgens und spätnachmittags teils hoffnungslos überfüllt – allerdings sind sie für den Reisenden **auf längeren Strecken das ideale Fortbewegungsmittel**, denn die angenehm kühlen Transportmittel fahren in einer dichten Taktung. **Auf kürzeren Distanzen** verlässt man sich am besten auf die eigenen Füße und erkundet den Stadtkern **per pedes.** Sollte man einmal vom Regen überrascht werden oder es zu heiß zum Laufen sein, kann man sich überall in der Stadt ein **Taxi** (s. S. 129) nehmen. Zwar zahlt man als Tourist eher teure Festpreise, denn viele Taxifahrer weigern sich hartnäckig, ihr Taxameter anzuschalten, aber verglichen mit Europa sind die Taxis immer noch ausgesprochen preiswert.

Stadtspaziergang

Einen Stadtspaziergang in Kuala Lumpur zu beschreiben, ist nicht ganz einfach: Erstens ist die Stadt **weitläufig** und zu Fuß nicht ganz leicht zu erkunden. Zweitens ist ein Spaziergang für Erstbesucher, vor allem solche, die das erste Mal in den Tropen weilen, eine echte Herausforderung: und das nicht nur wegen der **feucht-warmen Luft,** sondern auch wegen der **Abgase** und **Menschenmassen.** Da man bei einem solchen Spaziergang aber viel mehr vom Flair der Stadt erfährt, als wenn man die einzelnen Sehenswürdigkeiten gezielt anfährt, lohnen Schweiß und Zeit allemal.

Los geht es am **Hauptbahnhof KL Sentral** (s. S. 106). Als Erstes steht eine Fahrt in der LRT-Bahn (Kelana-Jana-Linie Richtung Gombak) bis zur Station Masjid Jamek [D4] an. Der Bahnsteig befindet sich hier unterirdisch. Gelangt man aufs Straßenni-

veau, steht die Moschee, nach der der Bahnhof benannt ist, die **Masjid Jamek** ❸, direkt vis-à-vis, auch wenn sie auf den ersten Blick nicht sichtbar ist. Von der LRT-Station aus sieht man zunächst nur die Straße, den Bahnhof und die Hochtrasse der Bahn. Überquert man jedoch die **Jalan Tun Perak,** so findet man die Moschee hinter dem gegenüberliegenden Bahnhof. Nach nur wenigen Schritten glaubt man sich in einer anderen Welt. Natürlich bleibt der Straßenlärm, aber dennoch strahlt die Moschee mit ihrem Garten ein **großes Maß an Ruhe** aus. Wer sie als Nichtmuslim besichtigen möchte, ist

055kl Abb.: ho

◿ *Futuristische Architektur und exotische Pflanzenpracht – das ist KL*

Kuala Lumpur für Citybummler

entweder angemessen gekleidet (s. Infos zum Moscheebesuch S. 80) oder leiht sich am Eingang einen Umhang aus.

Hier befindet man sich unmittelbar an der Stelle, wo alles begann, denn am Zusammenfluss der Flüsse Klang und Gombak lag einst jene „schlammige Flussmündung", die der Stadt ihren Namen gab.

Nach dem Besuch der Moschee folgt man der Jalan Tun Perak und biegt an der Kreuzung mit der **Jalan Raja** [C3] links ab. So erreicht man den nördlichen Teil des **Dataran Merdeka** ❷ oder Merdeka Square. Der Weg führt entlang **herrlicher Kolonialbauten**, in denen heute verschiedene Regierungsämter untergebracht sind. An der Kreuzung mit der Lebuh Pasar Besar [C4] betritt man den Platz selbst. Hier weht die **malaysische Flagge** an ihrem 100 m hohen Fahnenmast, in unmittelbarer Nachbarschaft zum **Denkmal für Tunku Abdul Rahman** und zum **viktorianischen Brunnen**. Im Nordosten des riesigen Platzes steht der 1884 erbaute **Royal Selangor Club**, in dem sich früher die High Society des Kolonialreiches traf.

Wieder an der Nordseite des Platzes angelangt, geht es zurück zur **Jalan Tun Perak** und Richtung Moschee. Ungefähr auf Höhe der Masjid Jamek geht die **Jalan Melayu** [D3] links ab. Rechts fließt träge der Klang dahin, links kann man die Auslagen der **Geschäfte** bestaunen. Nach wenigen Metern, auf denen die Händlerdichte immer größer wird, biegt man

rechts in einen **kleinen, überdachten Straßenmarkt** ab, auf dem neben Kleidung auch zahlreiche Souvenirs feilgeboten werden.

Der Pfad zwischen den Ständen hindurch wird zur Jalan Masjid India. Die Straße wurde nach der 1883 erbauten **Masjid India** ❹ benannt, die linker Hand durch ihre Zwiebeltürme und Rundbogenfenster auffällt. Nun hält man sich rechts – diese Straße heißt verwirrenderweise ebenfalls Jalan Masjid India, da sie einmal um den gesamten Block führt. Nochmals rechts abbiegend gelangt man zum **Ufer des Klang**, an dem man auf der Lorong Bunus Satu [D3] bis zur nächsten Brücke Richtung Nordosten läuft. Hier kann man in **ABC Food's Corner** (s. S. 46) einkehren und sich eine kleine Stärkung gönnen. Überquert man die Brücke, erreicht man die **Jalan Ampang**; hier biegt man links ab und folgt der vielbefahrenen Straße einige Hundert Meter. Rechts türmt sich ein Hügel auf, der noch Waldreste zeigt: der **Bukit Nanas** ❿, auf dem der 421 m hohe Fernsehturm **Menara KL** ⓫ emporragt, dem wir im Verlauf des Spaziergangs noch einmal näherkommen werden.

Fußmüden sei statt des Weges über die Jalan Ampang eine **Fahrt mit dem LRT** empfohlen – hierzu biegt man an der Jalan Ampang rechts statt links ab und folgt der Jalan Melaka [D3] nochmals rechts bis zur Station Masjid Jamek. Von dort geht es drei Stationen Richtung Gombak bis zum Halt KLCC.

Routenverlauf im Stadtplan
Der hier beschriebene Spaziergang ist mit einer farbigen Linie im Stadtplan eingezeichnet.

▷ *Das Muzium Tekstil Negara (s. S. 53) am Dataran Merdeka* ❷ *in typisch maurischer Architektur*

Für alle anderen führt der Weg entlang der Jalan Ampang weiter nach Norden und über die Kreuzung mit der Jalan Sultan Ismail [F2] hinweg. Wenige Schritte sind es nun noch zum **Malaysia Tourism Centre** (MaTiC, s. S. 115). Schon 1935 wurden die Gebäude von Eu Tong Seng, einem Zinn- und Kautschukbaron, als Familiensitz im Kolonialstil errichtet. Im Zweiten Weltkrieg wurden sie zunächst zum Hauptquartier der britischen und später der japanischen Armee. Hier tagte erstmals das malaysische Parlament und hier wurden mehrere Könige gekrönt. Heute dient das MaTiC als Anlaufstelle für Touristen; es finden auch kulturelle Veranstaltungen (s. S. 50) statt. Spätestens an diesem Ort wird der **Kontrast zwischen Tradition und Moderne**, der in KL nahezu überall spürbar ist, besonders deutlich, denn die **Kolonialstilgebäude** des MaTiC stehen im krassen Gegensatz zu den glitzernden Fassaden der **umgebenden Hochhäuser.** Das Zentrum ist von einem herrlichen Blumengarten umgeben und wird von imposanten tropischen Bäumen beschattet. Diese Baumriesen reihen sich auch entlang der Jalan Ampang, die alsbald die Jalan P. Ramlee [G1] kreuzt.

An dieser Kreuzung steht man den **Petronas Twin Towers** ❿ unmittelbar gegenüber, jenen Zwillingstürmen, die sich zu einer echten Ikone der Stadt gemausert haben. Von der **Springbrunnenlandschaft** vor den Türmen lassen sich herrliche Fotos der Giganten aus Stahl und Glas schießen. Geht man entlang der Brunnen, erreicht man das Hauptportal, das zum Büro des staatlichen Erdölkonzerns **Petronas** und zur **Philharmonie** (Dewan Filharmonik Petronas, s. S. 50) führt. Im Inneren der Türme erstreckt sich das Einkaufsparadies **Suria KLCC** (s. S. 32). Hier lockt auch das prächtige **Aquaria KLCC** ⓭, für dessen Besuch man allerdings etwas Zeit einplanen muss.

056Kl Abb.: ho

Man durchquert die Shopping-mall, um das Gebäude durch den gegenüberliegenden Ausgang wieder zu verlassen. Hier beginnt der **KLCC Park.** Der **Simfoni Lake** lädt zum Verweilen ein, abends schießen riesige Wasserfontänen gen Himmel, bunt beleuchtet und mit Musik untermalt. Rund um den See verlaufen zahlreiche Spazierwege. Richtung Osten erreicht man den Parkausgang; rechts abbiegend, geht man die Persiaran KLCC in südliche Richtung hinunter. Am Ende der Jalan Stonor [H3] entdeckt man rechter Hand das **Badan Warisan Malaysia – Heritage Centre** (s. S. 51). Wenige Schritte weiter erreicht man die Jalan Conlay, auf der man sich rechts hält, bis zur Einmündung auf die Jalan Raja Chulan [G3], der man über die Kreuzung mit der Jalan Sultan Ismail hinweg folgt. Nach wie vor führt der Weg durch das **belebte Geschäfts- und Hotel-**

viertel KLs, vorbei am luxuriösen Hotel Istana und dem hübschen, preiswerten Lodge Paradize Hotel (beide s. S. 126) gleich gegenüber.

Jetzt sind es nur noch ein paar Hundert Meter bis zur Ecke Jalan Raja Chulan/Jalan P. Ramlee [F3], an der man kurz nach rechts abbiegt, um an der nächsten Ampel die Straße zu überqueren. Über die Jalan Puncak gelangt man zum **Menara KL** ⓫. Erneut ist man am **Bukit Nanas** ❿, dieses Mal jedoch im Südosten des Hügels und zugleich am Fuße des Fernsehturms. Von der Aussichtskuppel in fast 300 m Höhe genießt man eine **tolle Fernsicht.**

Im Anschluss geht es zurück zur Kreuzung Jalan Raja Chulan/Jalan P. Ramlee, an der man rechts abbiegt und dem Straßenverlauf folgt. Am Fuße des Hügels sieht man viel Grün, einige Parkplätze und eine halbverfallene Häuserzeile mit Bauten aus der Kolonialzeit, die auf ihre zukünftige, noch unklare Bestimmung warten. Rechter Hand erstreckt sich das **Bukit Nanas Forest Reserve.** Im Forest Information Centre ergrün-

⌂ An der Petaling Street ❺
bekommt man jederzeit ein Taxi

det eine Ausstellung das Thema Regenwald, hinter dem Gebäude beginnt ein Waldlehrpfad durch den Stadtdschungel.

Folgt man der Jalan Raja Chulan weiter, kommt man zur Kreuzung Jalan Tun Perak [D4]. Man biegt links ab und geht am **Maybank Tower** mit dem kleinen **Maybank Numismatic Museum** (s. S. 52) vorbei zum großen **Verkehrsknotenpunkt** an der **Jalan Pudu** [D4]. Hier drängeln sich Mopeds zwischen Lkws und Bussen, Menschen überqueren die vielspurige Fahrbahn, dazwischen schlängeln sich einzelne Fahrräder hindurch, Taxis hupen, einige Bewohner ziehen Karren hinter sich her. Im Südosten erhebt sich das mehrgeschossige Gebäude des **Busbahnhofs Pudu Sentral** (früher Puduraya, s. S. 106).

Die Jalan Pudu geht Richtung Westen in die Jalan Tun Tan Cheng Lock über. Links geht die Jalan Petaling bzw. **Petaling Street** ❺ ab, ein lebhafter, überdachter Straßenmarkt im **geschäftigen Herzen von Chinatown.** Es wird gekauft, was die Geldbörsen hergeben. Was anderswo teuer ist, wird hier zum Schnäppchenpreis gehandelt, denn es handelt sich um **Plagiate** (s. Hinweise zum Zoll auf S. 28). Wer sich vom Trubel der Chinatown erholen möchte und Lust auf ein kaltes Bier oder einen Snack hat, stattet der **Reggae Pub & Bar** (s. S. 48) einen Besuch ab.

Über die Querstraße Jalan Hang Lekir [D5] erreicht man Richtung Westen die Kreuzung Jalan Hang Kasturi/Jalan Tun Sambanthan. Man biegt rechts ab und folgt der Jalan Hang Kasturi [D4] gen Norden. Nun befindet man sich auf dem sogenannten **Kasturi Walk** ❼ mit seinen aufwendig sanierten, bunten Gebäuden aus den 1930er-Jahren. Linker Hand erhebt sich der **Central Market** ❼, auf Malaiisch **Pasar Seni**, in dem sich an vielen kleinen Ständen Kunsthandwerk und Reiseandenken erstehen lassen. Westlich der Markthalle fließt wieder der **Fluss Klang** in seinem betonierten Bett, daneben verlaufen die Hochbahn-Trassen. Jenseits des Flusses stehen der eindrucksvolle **Dayabumi Complex**, ein weißes, sternförmig aufgebautes Hochhaus, und das zugehörige **Hauptpostamt** (Pos Malaysia Headquarters, s. S. 121), auf dessen Gelände ein über 80 Jahre alter Banyan-Baum steht. Im Hintergrund, in südwestlicher Richtung, ragen das Minarett und das Kuppeldach der **Masjid Negara** ⓴ auf.

Um nicht eine vielbefahrene Straße überqueren zu müssen, empfiehlt es sich, am Pasar Seni in die **LRT-Bahn** zu steigen und eine Station Richtung Kelana Jaya zu fahren, bis zur Station **KL Sentral**. Hier steigt man aus, durchquert die moderne Bahnhofshalle und orientiert sich zum Hotel **Hilton Kuala Lumpur** (s. S. 126). Vor Betreten des Hotels biegt man rechts ab und folgt der Fahrbahn um das Hotel herum. Links geht es zur Parkgarage, rechts auf die Hauptstraße, an der ein schmaler Fußweg entlangführt. Über Brücken, Fußwege und Treppen gelangt man, der Ausschilderung folgend, zum **Muzium Negara** ⓮, dem Nationalmuseum.

Nach einem Besuch in diesem eindrucksvollen Ausstellungshaus hält man sich rechter Hand und überquert die mehrspurige Jalan Damansara [B6] über eine Fußgängerbrücke. So erreicht man den südlichen Teil des **Tun Abdul Razak Heritage Park,** besser bekannt unter seinem früheren Namen **Lake Gardens.** Hier befindet sich der kostenfrei zu besuchende **Perdana Botanical Garden** ⓯, in dem man durchaus einige Stunden verbringen kann. Zum Spaziergang laden der Orchideen- und Hibiskusgarten sowie das Freigehege mit den Hirschen ein. Wem unterwegs der Magen knurrt, labt sich an einer der **mobilen Garküchen** (s. S. 94). Außerdem lassen sich der **KL Bird Park** ❶ und der **KL Butterfly Park** ❶ besichtigen (beide kostenpflichtig). Von hier aus erreicht man zudem die **Masjid Negara** ❷.

Am Ende des Spaziergangs geht es entweder wieder zu Fuß zum KL Sentral oder man nimmt eines der vielen Taxis, die an den Hauptattraktionen des Tun Abdul Razak Heritage Park auf Kundschaft warten.

Kuala Lumpur für Kauflustige

Kuala Lumpur gilt als Shoppingparadies. Niedrige Wechselkurse und vergleichsweise geringe Steuern lassen viele Waren, allen voran Luxusprodukte, zu Schnäppchen werden. Ob Designerkleidung oder Taschen, Luxusuhren oder Schmuck, Parfüm oder Kosmetik – hier lassen sich durchaus bis zu drei- oder sogar vierstellige Beträge einsparen.

Günstige Steuern

Preiswert ist der Einkauf in Kuala Lumpur fast immer, gelten doch hier sehr **günstige Steuervorschriften**. So existiert aktuell eine *sales tax* in Höhe von 5–10 % und die sogenannte *service tax* in Höhe von 6 %, die u. a. auf Nahrungsmittel und Tabak erhoben wird. Derzeit gibt es Überlegungen zur Einführung einer GST *(goods and services tax)* von rund 6 % ab April 2015, aber dies ist noch nicht beschlossen. Die GST soll die bisherige Besteuerung ersetzen.

Was kann man kaufen?

Wem der günstigste Preis besonders wichtig ist, der kann sich auf dem Markt in Chinatown, rund um die **Petaling Street** ❺, mit guten bis sehr sehr guten **Plagiaten** eindecken (man beachte die Hinweise zum Thema Zoll auf S. 28).

012kl Abb.: ho

Shoppingareale
Die wichtigsten Shoppingbereiche der Stadt sind im Kartenmaterial mit einer rötlichen Fläche markiert.

013kl Abb.: ho

Neben den international bekannten und begehrten **Markenprodukten** gibt es auch viele andere Waren, die zumindest einen Blick lohnen: **Mode und Unterwäsche** bekommt man zu deutlich besseren Preisen als in Europa. **Schuhe** sind ebenfalls preiswerter, besonders Damenschuhe. Günstige **Outdoor-Ausrüstung** erhält man in den Spezialgeschäften der Einkaufszentren: Neben Rucksäcken, Trekkingschuhen und Jacken gibt es auch viel Zubehör. Hier wird auch fündig, wer **Tauchausrüstung** und **Wassersportartikel** erstehen will. **Schreibwaren** aller Art findet man in den Kaufhäusern der Malls (department stores). Selbst hochwertige Produkte aus deutscher Produktion gibt es zu Schnäppchenpreisen. **Elektronik**, ganz gleich ob **PCs, Laptops, Tablets** oder **Smartphones**, werden an nahezu jeder Ecke verkauft und sind auf den ersten Blick deutlich preiswerter. Man ist aber gut beraten, vor dem Einkauf die Preise daheim zu recherchieren; so manches Schnäppchen wird durch den Zoll teurer. Kommen dann noch Serviceprobleme hinzu, ergeben sich schnell höhere Kosten. Ähnliches gilt für **Kameras,** für die zudem ein riesiges Angebot an Zubehör erhältlich ist.

◁ *Ägypten in KL: Der Eingang zur Mall Sunway Pyramid (s. S. 33)*

△ *Außen Art déco, innen Kunsthandwerk: der Central Market* ❶

Schmuck und Gold
Was sich auf jeden Fall lohnt, ist der Kauf von **Schmuck.** Neben den Filialen bekannter Juweliere wie Pandora oder Thomas Sabo, die ca. 10–20 % günstiger sind, lohnt sich vor allem der Blick in die **lokalen Schmuckgeschäfte.** Man erkennt sie an der Aufschrift „Emas" („Gold"). Meist sind es chinesische oder indische Händler, die Schmuck anbieten. Rund um den kleinen Verkaufsraum gruppieren sich die Vitrinen, in denen das begehrte Metall ausliegt. An einer Wand hängt eine Liste mit dem Goldtagespreis, denn abgerechnet wird stets nach dem Gewicht der Stücke; die Handwerksarbeit kostet dann nur einen kleinen Aufpreis. Die Schmuckstücke bestehen fast immer aus 18 Karat, 22 Karat oder 24 Karat Gold. Rechnet man dies in die uns bekannten Reinheitsgrade um, so stehen 18 Karat für 750er, 22 Karat für 916er und 24 Karat für 999er

Achtung, Zoll!

So günstig die Luxusmarken auch sein mögen, nach Europa **einge-führt** werden dürfen nur **Waren bis maximal 430 €.** Ist der Wert höher, muss man die Waren deklarieren und den Zoll sowie 19 % MwSt. ent-richten. Das mag immer noch preis-werter sein als daheim zu kaufen, aber die Spanne verringert sich doch erheblich. Bei **Plagiaten** kann der Zoll die Waren grundsätzlich konfis-zieren, insbesondere wenn **gewerbli-cher Handel** unterstellt wird. Das ist der Fall, wenn beispielsweise große Stückzahlen und unterschiedliche Kleidergrößen im Gepäck gefunden werden.

Feingold. Die angezeigten Preise gel-ten für Gelbgold, das in KL oft rötli-cher ist, da es Kupferbeimengungen enthält. Bei 18 und 22 Karat ist dies deutlicher erkennbar als bei 24 Ka-rat. Die **Einfuhr von Gold** muss in je-dem Fall beim **Zoll** deklariert werden, auch wenn man unterhalb der Frei-grenze bleibt.

Mit dem Kauf eines Schmuck-stücks erhält man zugleich ein **Zerti-fikat** über Art, Reinheit und Gewicht mit der Versicherung des Händlers, das Stück jederzeit zu dem dann ak-tuellen Goldpreis zurückzukaufen. Der Verkauf ist natürlich auch bei ei-nem anderen Händler möglich. Ne-ben Goldschmuck empfiehlt sich auch ein Blick auf **Perlen, Perlmutt und Silber.** Letzteres erhält man vor allem in Little India rund um die Jalan Tuanku Abdul Rahman [C/D3].

Der aufgrund der weltweiten Wirt-schaftskrise zu beobachtende **Run auf Gold** macht sich auch in KL be-

merkbar: Bei den Juwelieren kann man ebenfalls Münzen und Goldbar-ren unterschiedlichster Größen und Gewichte kaufen. Außerdem gehört Schmuck in Form von Ketten, Ohrrin-gen, Armreifen und Ringen aus mas-sivem Gold zum Straßenbild – ent-sprechend groß ist auch die Anzahl der Händler.

Handeln – gehört dazu und spart Geld

In Kuala Lumpur ist das Feilschen um den besten Preis eher Teil der Kultur als nur nützlich. Nur in wenigen Ge-schäften, zumeist in den **Einkaufs-zentren,** gibt es **feste Preise** (*harga pas* bzw. *fixed price*). Aber auch dort lohnt die Frage nach einem **Rabatt** – auf Unverständnis stößt man fast nie! In jedem Fall kann man in **Schmuck-geschäften,** beim **Uhrenkauf,** in den kleineren **Einzelhandelsläden** in Little India und Chinatown, vor al-lem jedoch in der **Petaling Street** ❺ und im **Central Market** ❼ Preise aushandeln.

Dabei geht man am besten wie folgt vor: Bei Interesse an einer Ware überlegt man sich zunächst, wie viel sie einem wert wäre, fragt dann nach dem Preis und unterbietet die-sen um **etwa 25 %** (in der Petaling Street deutlich mehr!). Nun kommt der Händler einem meistens entge-gen, betont eventuell seinen „großen Verlust" und den „hohen Wert" seiner Ware oder aber er zeigt kein Interes-se am Verkauf. In letzterem Fall war der genannte Preis viel zu niedrig; es lohnt sich, noch mal nachzufragen, um sich Klarheit zu verschaffen. Dies kommt aber eher selten vor. Die **Ver-handlungen** können dann eine Weile geführt werden. Ist keine Einigung in Sicht, hilft es meist, sich zu bedanken

und den Stand oder Laden zu verlassen. Ist der Händler noch interessiert, wird er dem potenziellen Käufer weiter entgegenkommen. Sehr hilfreich ist es, die **Zahlen und einige wichtige Floskeln auf Malaiisch** (s. Sprachhilfe S. 132) zu kennen. Zudem gebietet es die Höflichkeit, nach erfolgreichen Verhandlungen auch tatsächlich zu kaufen, statt plötzlich nicht mehr interessiert zu sein.

Wo findet man Einkaufsmöglichkeiten?

Diese Frage ist einerseits ganz leicht zu beantworten: nämlich **überall**. In einem großen Netzwerk aus kleineren und größeren Geschäften lassen sich die meisten Waren des täglichen Bedarfs fast immer finden. Werden die Wünsche jedoch spezieller, muss man sich in **bestimmte Gegenden der Stadt** begeben, die im Folgenden näher vorgestellt werden.

◻ *Mango, Rambutan und Co.:*
exotische Früchte auf dem Markt

Chinatown

Chinatown ist eines der traditionellen und besonders lebhaften Handelszentren von Kuala Lumpur. Sie erstreckt sich **rund um die Petaling Street ❺**, dem einstigen Nachtmarkt, auf dem man heute von früh bis spät Plagiate kaufen kann. In Chinatown befindet sich auch der **Central Market (Pasar Seni) ❼**. Hier wird fündig, wer auf der Suche nach Andenken und Kunsthandwerk ist.

Little India rund um die Jalan TAR

Jalan TAR ist die Abkürzung für **Jalan Tuanku Abdul Rahman** [C/D3]. Der Name des Viertels sagt es schon: Es herrschen **indische, aber auch malaiische Einflüsse** vor. Beide Ethnien haben das Bild dieses Stadtteils geformt, der heute vor allem muslimisch geprägt ist. So befindet sich am Rande des Viertels die Masjid Jamek ❸ und mittendrin die Masjid India ❹. In den Häuserblocks findet man neben Büros vor allem Läden, die mit **Gewürzen, Teppichen und traditioneller Kleidung** handeln. Dazwischen gibt es Coffeeshops, einige mo-

Shop 'n' Stop

Alle **Einkaufszentren** besitzen einen **Food Court,** in dem man vor, während oder nach dem Shopping einkehren und aus einer breiten Palette von westlichem und asiatischem Fast Food wählen kann.

Daneben gibt es Filialen der bekannten **internationalen Kaffeehausketten** wie Starbucks und der **einheimischen Kaffee- und Teeketten** Secret Recipe oder Old Town White Coffee (s. S. 46).

Wer in der **Petaling Street** ❺ unterwegs ist, findet im **Kim Lian Kee Restaurant** (s. S. 45) leckere chinesische Gerichte. Angeblich gibt es hier das beste *Hokkien mee* (Hokkien-Nudeln) der Stadt.

Überkommt einen der Hunger in der Mall **Suria KLCC** (s. S. 32), dann lohnt der Besuch des **Bumbu Desa** (s. S. 46) mit delikatem indonesischen Essen.

Wird man im **Shoppingviertel Bukit Bintang** [F/G5] von Magenknurren überrascht, dann ist das **Grandmama's Cafe & Cuisine** (s. S. 45) in der Mall **Pavilion Kuala Lumpur** (s. S. 32) eine gute Wahl. Hier erfreuen vor allem malaiische Gerichte den Gaumen.

derne und ein paar alte, restaurierte Geschäftshäuser. Auf einem **bunten Straßenmarkt in der Jalan Masjid India** [D3] werden traditionelle Kleidung, T-Shirts, Räucherstäbchen, Duftöle, Spielzeug und allerlei Alltagswaren feilgeboten; hier gibt es in der Regel keine Plagiate.

Little India in Brickfields

Im **Stadtteil Brickfields** [A7] baute *Kapitan Cina* Yap Ah Loy (s. S. 65) einst seine **Ziegelei** – daher auch der Name des Viertels, denn *brick* ist das englische Wort für Ziegelstein. Hier wurde das Material hergestellt, das man für den feuerfesten Wiederaufbau der 1881 niedergebrannten Häuser benötigte. Das Warenangebot ähnelt dem von Little India im Bereich der Jalan TAR (s. S. 29).

Bukit Bintang

Rund um die **Jalan Bukit Bintang** [F5–I4] und die **Jalan Imbi** [G5–H4] haben sich zahlreiche Shoppingmalls angesiedelt, die vor allem dem Geschmack der **luxusverwöhnten Klientel** entsprechen. Das Viertel mit dem schönen Namen „Sternenhügel" ist auch abends ein Anziehungspunkt für Gourmets und Nachtschwärmer.

Einkaufstipps

Märkte

Bei den Märkten unterscheidet man zwischen verschiedenen Arten: Ein **Morgenmarkt** (*pasar pagi* bzw. *morning market*) findet morgens zwischen 6 und 9 Uhr statt – einige Märkte beginnen sogar noch früher. Ein **Nachtmarkt** (*pasar malam* bzw. *night market*) öffnet erst bei Einbruch der Dunkelheit, also gegen 17.30 oder 18 Uhr seine Pforten; die Stände bleiben etwa bis 22.30 Uhr geöffnet.

070kl Abb.: ho

Ein „**wet market**" zeichnet sich dadurch aus, dass hier **Frischwaren** verkauft werden, also alle Arten von Fleisch, Fisch, Meeresfrüchten, Gemüse und Obst. Hier geht es meist im wahrsten Sinne des Wortes „nass" zu, denn auf dem Boden sammeln sich alle Arten von Flüssigkeiten – dichtes Schuhwerk ist deshalb empfehlenswert. Auf den Nachtmärkten werden in der Regel weniger frische Lebensmittel als vielmehr Kleidung, CDs, DVDs und allerlei Haushaltswaren angeboten – dazu gibt es meist eine große Auswahl an lokalen Snacks.

🔴 [C4] **Central Market (Pasar Seni).** Seit über 100 Jahren ist die Markthalle im Art-déco-Stil ein wichtiger Handelsposten in KL. Wurden früher Frischwaren verkauft, ist hier heute ein riesiger Kunsthandwerk- und Souvenirmarkt untergebracht, auf dem man u. a. Batiktücher, Bilder, Schmuck und T-Shirts erstehen kann. Hinzu kommen ein paar Restaurants sowie Geschäfte für Tee, Kaffee und Wellnessprodukte.

🔴6 [D1] **Chow Kit Market (Bazaar Baru Chow Kit),** Jl. Chow Kit, nördliches Ende der Jl. Tuanku Abdul Rahman, Monorail: Chow Kit, geöffnet: tgl. 9–17 Uhr. Dieser Markt zählt zu den größten *wet markets* in KL. In einer überdachten Halle erhält man eine Vielzahl an frischen Lebensmitteln und einen guten Einblick in die Welt der tropischen Früchte Malaysias (s. S. 38). Auch wer neue Kleidung oder Schuhe braucht, wird hier fündig.

❯ **Nachtmarkt in Bangsar** [cj], Jl. Telawi, geöffnet: So. 17.30–22 Uhr. Beliebter *pasar malam* im Stadtteil Bangsar, der immer sonntags stattfindet. Hier findet man garantiert alles, was man bisher noch gar nicht im Koffer vermisst hat.

❯ **Nachtmarkt in der Lorong Tuanku Abdul Rahman** [D2/3], geöffnet: Sa. 17–22 Uhr. Die Nebenstraße der vielbefahre-nen Jalan Tuanku Abdul Rahman (Jl. TAR) wird jeden Samstagnachmittag für den Verkehr gesperrt und verwandelt sich in einen gigantischen Marktplatz für Kleidung und lokale Produkte, auf dem man sich zudem noch satt essen kann.

🔴 [D5] **Petaling Street (Jalan Petaling).** Früher gab es hier nur einen Nachtmarkt. Mittlerweile ist der Nachtmarkt ein Dauerzustand. Der Hauptbereich ist heute überdacht, sodass die Händler auch bei plötzlichen Regenfällen ihre Geschäfte machen können. Es werden vor allem Plagiate angeboten: von Geldbörsen und Gürteln über T-Shirts, Hemden, Hosen, Schuhe bis hin zu Taschen, Schreibwaren, DVDs und Uhren.

🔴7 [ej] **Pudu Market (Pasar Besar Pudu),** Jl. Pasar Baharu, LRT: Pudu, geöffnet: tgl. ab 3 Uhr. Auf dem sehr beliebten Markt verkaufen vorwiegend chinesische Händler allerlei frische Produkte. Mit etwas Glück stößt man hier auf Außergewöhnliches wie Frösche und Zierfische.

Einkaufszentren in Bukit Bintang

Die **Shoppingmalls** und alle Geschäfte, die sich darin befinden, haben in der Regel tgl. 10–22 Uhr geöffnet. Hier sind deshalb nur **abweichende Öffnungszeiten** vermerkt.

🔴8 [G5] **Berjaya Times Square,** 1 Jl. Imbi, www.berjayatimessquarekl.com, Tel. 03 21449821. Über 1000 verschiedene Geschäfte sind hier beheimatet, frei nach dem Motto „Alles unter einem Dach". Zum Einkaufskomplex gehören außerdem ein kleiner Vergnügungspark mit Achterbahn, ein IT-Center und natürlich der obligatorische Food Court.

🔴9 [G4] **Bukit Bintang Plaza,** 111 Jl. Bukit Bintang, Tel. 03 21487411. Bereits seit den 1980er-Jahren gibt es diese Mall, die bis heute vor allem Läden des mittleren Preissegments beherbergt. Der Schwerpunkt liegt bei junger Mode.

Kuala Lumpur für Kauflustige

059KI Abb.: ho

10 [G4] **Fahrenheit 88,** 179 Jl. Buki Bintang, www.fahrenheit88.com, Tel. 03 21485488. Hier sind internationale und malaysische Labels angesiedelt, ferner Geschäfte für Technik und Entertainment.

11 [G4] **Lot 10,** 50 Jl. Sultan Ismail, www.lot10.com.my, Tel. 03 27823500. Gerade frisch renoviert, findet man hier vor allem Filialen bekannter Modemarken. In der angesagten Rooftop-Bar Rootz (s. S. 49) kann man die Nacht zum Tag machen.

12 [G4] **Pavilion Kuala Lumpur,** 168 Jl. Bukit Bintang, www.pavilion-kl. com, Tel. 03 21438088. Das achtstöckige Gebäude bietet viele bekannte und luxuriöse Marken, beliebter ist die Mall aber wegen ihrer Bars und Restaurants.

13 [G5] **Plaza Low Yat,** 7 Jl. 1/77, off Jl. Bukit Bintang, www.plazalowyat.com, Tel. 03 21485141. Dieses Einkaufszentrum ist der ideale Anlaufpunkt für Technikbegeisterte.

14 [H4] **Starhill Gallery,** 181 Jl. Bukit Bintang, www.starhillgallery.com, Tel. 03 27823855. Wer Luxus liebt, ist hier genau richtig. Im frisch renovierten Gebäude kommen Edelmarken wie Dior, Gucci und Louis Vuitton erst so richtig zur Geltung.

15 [G5] **Sungei Wang Plaza,** 99 Jl. Bukit Bintang, www.sungeiwang.com, Tel. 03 21486109. Die Mall für alle Jungen und Junggebliebenen. Hier gibt es trendige Mode, dazu jede Menge Technik und Schmuck.

16 [G2] **Suria KLCC,** Jl. Ampang, www. suriaklcc.com.my, Tel. 03 23823359. Im Suria KLCC befindet man sich genau unter den Giganten der Stadt, den Petronas Twin Towers **12**. Es gibt unzählige Geschäfte, vor allem der hochpreisigen Sorte, aber auch günstigere Kaufhäuser

⌂ *Eislaufen in der Sunway Pyramid: auf einer glatten Kunststoffplatte*

(z. B. Isetan und Parkson Grand) sowie einen empfehlenswerten Restaurantbereich (inkl. Food Court) und nicht zu vergessen das Aquarium Aquaria KLCC 🔴13.

Einkaufszentren außerhalb des Zentrums

🔴17 [aj] **1 Utama Shopping Centre,** 1 Lebur Bandar Utama, Bandar Utama, Petaling Jaya, LRT: Kelana Jaya, dann weiter mit dem Taxi, www.1utama.com.my, Tel. 03 77266033. Neben vielen Markengeschäften gibt es reichlich Ruhezonen, die gestresste Shopper nutzen können.

🔴18 [ck] **Mid Valley Megamall,** Lingkaran Syed Putra, Mid Valley City, KTM Komuter: Mid Valley, LRT: Bangsar und kostenloser Shuttlebus, sonst mit dem Taxi, www.midvalley.com.my, Tel. 03 29383333. Eines der größten Shoppingcenter der Stadt. Hier lässt es sich viel entspannter einkaufen als in den Malls der Innenstadt.

🔴19 [ci] **Publika Shopping Gallery,** 1 Jl. Dutamas 1, Solaris Dutamas, am besten mit dem Taxi erreichbar, Tel. 03 62079426. Neu, jung und ziemlich hip – so lässt sich dieses Einkaufszentrum am besten beschreiben, das derzeit ein Magnet für vorwiegend jugendliche Kunden ist.

🔴20 [al] **Sunway Pyramid,** 3 Jl. PJS 11/15, Bandar Sunway, Petaling Jaya, Rapid KL Bus: U76 ab KL Sentral bis Sunway Pyramid, KTM Komuter: Setia Jaya und weiter mit dem Taxi, www.sunwaypyramid.com, Tel. 03 74943100. Ägypten in Malaysia? Durch eine riesige Pyramide erhält man Zugang in ein „Königreich des Shopping", wie die Werbung verspricht. Hier findet man zahlreiche Markengeschäfte.

🔴21 [ck] **The Gardens Mall,** Lingkaran Syed Putra, Mid Valley City, KTM Komuter: Mid Valley, LRT: Bangsar und kostenloser Shuttlebus, sonst mit dem Taxi, www.thegardensmall.com.my, Tel. 03

22970288. Neuer Flügel der Mid Valley Megamall (s. links), vor allem für den Einkauf von Luxusmarken geeignet.

Souvenirs und Kunsthandwerk

🔴22 [E2] **Heritage Art and Graphics,** Lot 231, Bukit Nanas, Jl. Ampang, www.heritageartandgraphics.weebly.com, Tel. 03 20705213, geöffnet: tgl. 9 – 19 Uhr. Hier gibt es Postkarten, Drucke und Schnitzereien mit kulturellen Motiven, eingebettet in eine kleine Ladenzeile am Fuße des Bukit Nanas 🔴10.

› **Songket & Sutera Asli im Central Market** 🔴7, Laden M 53, Mezzanine Floor (Zwischengeschoss), Tel. 03 22742645. In dem kleinen Shop bekommt man Batikprodukte und Songket-Webwaren. *Songket* ist eine Art Brokat, bei dem in Seide oder Baumwolle glänzende Metallfasern eingewebt werden. Wenn gerade ein Kreuzfahrtschiff im Hafen liegt und Touristenmassen zu überhöhten Preisen einkaufen, ist ein Besuch allerdings nicht ratsam.

› **Tuah KTC im Central Market** 🔴7, Laden M 16/M 17/M 58, Mezzanine Floor (Zwischengeschoss), Tel. 03 22722757. Offeriert wird allerlei Kunstgewerbe, z. T. aus Silber, schöne *Kris* (Dolche), Schmuck und Gefäße. Vor dem Kauf eines Kris sollte man aber unbedingt die Einreisebestimmungen des Heimatlandes beachten.

Sportartikel

› **Dive Station in der Mid Valley Megamall** (s. links), T-050/051, www.divestation.com.my, Tel. 03 22821948. Ausgezeichneter Ausstatter für alle Belange des Tauchsports.

› **Urban Adventure in der Mid Valley Megamall** (s. links), T-014D/E u. 054, Tel. 03 22014339. Supergroße Auswahl an Outdoorausrüstung namhafter Hersteller zu ausgesprochen günstigen Preisen.

Kuala Lumpur für Kauflustige

Elektronik

❯ **Epi Centre im Fahrenheit 88**
(s. S. 32), www.epicentreasia.com,
Tel. 03 21438001. Offiziell lizensierter
Shop für den Kauf von Apple-Produkten.
Es gibt mehrere Filialen in verschiedenen
Malls von KL.

🔒 **23** [G5] **Mac Studio**, BB Park, Lot GL-11,
off Jl. Bukit Bintang, www.macstudio.
com.my, Tel. 03 21443799. Im ebenfalls lizensierten Geschäft lassen sich
Apple-Waren erstehen. Es gibt weitere
Standorte über die Stadt verteilt.

❯ **OA Hyper Store im Plaza Low Yat**
(s. S. 32), EG, www.oahyperstore.
com, Tel. 03 21104391. Das Dorado für
alle, die auf der Suche nach elektronischen Geräten, Kameras, Mobiltelefonen
und Zubehör sind.

014 KI Abb.: ho

Schmuck

❯ **Habib Jewels im Suria KLCC** (s. S. 32),
Concourse Level, www.habibjewels.com,
Tel. 03 21666777. Bekannte Juwelier-
kette mit Filialen überall in KL. Hier lohnt
es sich, nach Schmuck zu fragen. Der
aktuelle Goldpreis hängt, wie bei allen
Goldhändlern, öffentlich aus und die
Qualität der Stücke ist ausgezeichnet.

Sonstiges

🔒 **24** [C4] **My Chocolate**, Dataran
Undrgrnd, Untere Ebene C1, unter
dem Dataran Merdeka ❷, Jl. Raja 70,
www.dataranunderground.my, Tel. 03
26918336, tgl. 9–21 Uhr. Anhand von
Bildern und alten Maschinen vermittelt
dieser Laden einen Einblick in die Scho-
koladenherstellung. Im Verkaufsraum
kann man die individuell bevorzugte
Süßigkeit in verschieden Geschmacksrichtungen erwerben. Der Laden spielt
mit dem Begriff „My“: Einerseits wählt
man sein persönliches Lieblingsprodukt, andererseits stehen die Buchsta-
ben als Abkürzung für Malaysia, denn
die Schokolade stammt aus heimischer
Produktion.

🔒 **25** [D5] **Weng Hoa Flower Boutique**,
1 Lorong Hang Lekir, off Jl. Hang Lekir,
www.wenghoa.com, Tel. 03 20325288.
In diesem Blumenladen kann man
neben normalen Schnittblumen auch
Orchideenrispen erstehen, die ein hüb-
sches Souvenir darstellen und (richtig
behandelt) bis zu 14 Tage in der heimi-
schen Vase halten. Im Geschäft werden
die Rispen für den Flug in speziellen Kar-
tons verpackt.

◁ *Schleckermäuler aufgepasst: in KL
warten überall süße Versuchungen*

▷ *Am besten bestellt man viele Ein-
zelgerichte und isst von allem etwas*

Kuala Lumpur für Genießer

Zahlreiche Ethnien bevölkern Kuala Lumpur und jede einzelne besitzt ihre eigene Esskultur, ihre kulinarischen Besonderheiten. Zusätzlich haben sich die Küchen der verschiedenen Volksgruppen im Laufe der Geschichte vermischt. So wird der Besuch in der Stadt zu einem kulinarischen Festival, bei dem garantiert jeder das Passende für sich findet.

Das kulinarische Angebot ist in Malaysia ausgesprochen breit. Neben klassischen **malaiische Gerichten** gibt es die verschiedenen Formen der **chinesischen Küche**, die scharfen Speisen der **indischen Kochkunst** und die Einflüsse **der Orang Asli**, der Ureinwohner Malaysias. Oft gibt es **Reisgerichte**, die aber mit besonderen Zutaten, etwa *bidin* (einem Dschungelfarn), serviert werden. Sehr schmackhaft ist auch *umai,* eine Spezialität aus dem Bundesstaat Sarawak mit mariniertem Fisch- oder Krabbenfleisch.

Zunehmender Beliebtheit erfreuen sich auch die **westlichen Standardgerichte,** die besonders in den großen Hotelrestaurants serviert werden. Außerdem sind die bekannten **Fast-Food-Ketten** fester Bestandteil der gastronomischen Szene.

Ein ganz besonderes Vergnügen ist der Besuch eines Marktes, vor allem eines **Nachtmarktes** (*pasar malam* bzw. *night market*), auf dem einen so manches kulinarische Erlebnis erwartet. Allerlei Leckereien und eine Vielzahl tropischer Früchte (s. S. 38) lassen sich probieren.

Getrunken werden **Wasser** *(air),* **Kaffee** *(kopi)* oder **Tee** *(teh,* Details s. S. 40), Softdrinks sowie zumindest abends gerne Bier *(bir).* Hinzu kommen zahlreiche **Fruchtsäfte** *(jus),* frisch oder aus der Flasche, *tuak* (Reiswein) und andere Spirituosen. Grundsätzlich gilt für alle **Alkoholika** ein sehr hoher Preis, da der Islam den Genuss dieser Getränke verbietet.

Kulinarischer Tagesablauf

Zum **Frühstück** essen Malaysier selten Toast und Marmelade, sie beginnen den Tag gern herzhaft und bevorzugen **Reis- und Nudelgerichte,** gern scharf und würzig. Besonders beliebt ist „**nasi lemak**" (wörtlich: „Reis", „fettig"): Reis wird in Kokosmilch gegart und mit Gurkenscheiben, Chilisoße *(sambal),* Erdnüssen, einem gekochten Ei und *ikan bilis* (Trockenfisch) serviert. Traditionell wird *nasi lemak* in ein Bananenblatt gewickelt.

Alternativ bekommt man in **indischen Restaurants** als erste Mahlzeit des Tages Teigfladen (*roti* oder *mur-*

016kl Abb.: ho

tabak) mit Currysoße, in **chinesischen Lokalen** neben Reis und Nudeln oft auch *dim sum* (Teigbällchen), die mit Fleisch, Garnelen, Gemüse oder gesüßtem Kokosmark *(kaya)* gefüllt sind. In chinesischen Lokalen findet man am ehesten **westliche Frühstücksangebote** à la Toast und Cornflakes. In den meisten Unterkünften, vor allem in den Mittelklasse- und den gehobenen Hotels, gehören sie zum Standard, häufig in Form eines Frühstücksbuffets.

Zur **Mittagszeit** und zum **Abend** gibt es jeweils eine **größere Mahlzeit**, deren Grundlage wiederum Reis oder Nudeln bilden. Über den Tag verteilt werden Kleinigkeiten wie Obst, gebratene Bananen oder der eine oder andere *roti* gegessen.

⌂ Sate-Fleischspießchen brutzeln auf dem Holzkohlegrill

Schmackhafte Vielfalt: die Küchen Malaysias

Malaiische Küche

Ein **Herzstück** der malaiischen Küche ist das schon vorgestellte *nasi lemak* (s. S. 35). Neben Reis und Nudeln kommen ansonsten Gemüse und Gewürze zum Einsatz, allen voran **Chili, Ingwer und Knoblauch.** Meist werden malaiische Gerichte mit **Kokosmilch** verfeinert: Das mildert die Schärfe. Häufig kann man die Zutaten in Vitrinen begutachten und dann individuell zusammenstellen. Beim **Fleisch** *(daging)* wählt man zwischen Huhn *(ayam)*, Rind *(lembu)* oder Ziege *(kambing)*. Fleischgerichte werden, ebenso wie Gerichte mit **Fisch** *(ikan)* oder **Gemüse** *(sayur-sayuran)*, meist mit gekochtem Reis *(nasi putih)* serviert. Die malaiische Küche ist im Allgemeinen der indonesischen sehr ähnlich.

Möchte man stattdessen ein schon fertig zubereitetes Gericht, ist **gebratener Reis** *(nasi goreng)* eine gute Wahl, denn neben scharf angebratenem Reis kommen Gemüse, Ei *(telur)*, Fisch und manchmal Fleisch auf den Teller. Vegetarier können dieses Gericht problemlos ohne Fisch und Fleisch bestellen. Ein Ei wird fast immer untergemischt. Alternativ isst man **gebratene Nudeln**, wahlweise als Weizennudeln *(mee, mi)* oder als Reisnudeln *(mee hoon, mihun)*.

Eine typische Spezialität ist „**sate**" (**Satay**), kleine Fleischspieße aus Huhn, Rind oder Ziege. Auf dem Holzkohlegrill gebraten, kauft man die Spieße zu fünf oder zehn Stück. Serviert werden sie mit einer Portion Klebreis in Würfelform, Gurkenstückchen und der charakteristischen **Erdnusssoße**, die meist gut gewürzt, manchmal auch ziemlich scharf sein kann.

Ebenso charakteristisch sind **Curry-Gerichte** *(kari),* also Gemüse, Fleisch oder Fisch in einer würzigen, sämigen Kokossoße. *Rendang* ist stark gewürztes Rindfleisch, das in einer dicken Sauce gekocht wird. Vegetarier greifen lieber zu *sayur goreng*, gebratenem Gemüse, oder *rojak,* einem kalten Gemüsesalat, der mit Ananas, Tofu, Chilis, Tamarinde und Garnelenpaste zubereitet wird.

Zum **Dessert** gibt es häufig schreiend **bunte Kuchen** *(kueh),* die mit Palmzucker gesüßt und **Pandan-Extrakt** (Blätter der Schraubenbäume) grün gefärbt werden. Noch bunter sind *ais kacang* oder ABC *(ais batu campur):* Hierfür wird **Wassereis** vom Block gerieben, mit roten Bohnen, Mais und bunten Gelee-Würfeln aus der Meeresalge Agar-Agar garniert und anschließend mit Kokosmilch übergossen.

Das süße Leckermaul kann sich aber auch an *pisang goreng,* in Teig **gebratenen Bananen,** laben, die oft mit Honig verfeinert werden. Manchmal bekommt man auch gebratene Ananasscheiben *(nanas goreng).* Eine weitere süße Spezialität ist *seri muka,* eine Art Kuchen, der aus zwei Schichten besteht, die untere, weiße Schicht wird aus Klebreis geformt, darüber kommt eine puddingähnliche Schicht aus Kokosmilch und Ei. Diese Schicht ist schrill grün, da man zur Herstellung wiederum Pandan-Extrakt verwendet.

In der malaiischen Küche folgt man den **Gesetzen des Koran** und unterscheidet bei Lebensmitteln grundsätzlich zwischen *halal* (arab. „erlaubt") und *haram* (arab. „verboten"). Letzteres wird in Malaysia auch *non-halal* genannt. Zu den gemäß Koran unzulässigen Nahrungsmitteln gehören z. B. Schweinefleisch, Blut und Alkohol, aber auch das Fleisch von Tieren, die nicht nach den Riten des Islam getötet wurden. In vielen malaysischen Supermärkten gibt es einen separaten **Non-Halal-Bereich,** in dem man etwa Schweinefleisch bekommt. Ob und wie genau sich ein Malaie an die Vorschriften hält, hängt von der individuellen Lebenssituation ab.

Indische Küche

Auch diese Küche bietet viel Exotisches, allem voran eine **Vielzahl von Curry-Gerichten.** Aus unterschiedlichsten Gewürzen hergestellt, pendeln diese zwischen mild und feurig. Eine regionale Spezialität ist das *fish head curry.*

Die malaysisch-indische Küche lässt sich nach den Regionen der einstigen Heimat differenzieren, aus denen die Einwanderer ursprünglich stammen. Die meisten in Malaysia le-

Die Fruchtpalette Malaysias

Obwohl man im Zeitalter des Luftverkehrs fast alle Früchte praktisch überall bekommt, ist die **Vielfalt des Angebots** in Malaysia doch überwältigend. Die Früchte riechen aromatischer, sehen z. T. anders aus und schmecken besser – und sei es nur, weil sie anders gegessen werden als in Europa üblich, denn wer streut sich daheim schon **Salz auf die Ananas?** Früchte wie Äpfel, Orangen und Mandarinen werden importiert. **Erdbeeren** werden im kühleren Hochland der **Cameron Highlands** angepflanzt – sie sind besonders begehrt, gelten doch Früchte, die bei uns heimisch sind, in Malaysia als exotisch. Neben den auch in Europa verbreiteten Sorten wie **Banane ("pisang")**, **Mango ("mangga")** und **Ananas ("nanas")** gibt es eine Reihe weiterer Früchte, die hier kurz vorgestellt werden:

> **Durian:** Bis zu 30 cm lange, grünliche Frucht, die dicht mit stacheligen Fortsätzen übersät ist. Im Inneren befinden sich zahlreiche Samen, deren cremig-gelber Samenmantel gegessen wird. Der Geruch ist überaus unangenehm. Der Frucht wird aphrodisierende Wirkung nachgesagt. Auch ist sie in den meisten Hotels verboten, ebenso in Taxis, auf Flughäfen und in öffentlichen Verkehrsmitteln.

> **Guave ("jambu"):** Grüne, leicht birnenförmige Frucht mit festem Fruchtfleisch. Erinnert im Geschmack an einen Apfel. Besonders lecker ist es, wenn man sie mit einem Puder aus Zimt, Pfeffer und anderen Gewürzen bestreut. Wenn man Guaven z. B. in der Petaling Street ❺ in Chinatown fertig portioniert kauft, bittet man einfach um "powder".

> **Jackfrucht ("nangka"):** Grüne Frucht, die bis zu 50 cm lang wird. Die Sammelfrucht enthält zahlreiche Samen, die roh oder geröstet gegessen werden.

> **Langsat oder Duku:** Kleine, gelbliche Früchte des Lansibaums. Das unter der Schale liegende Fruchtfleisch schmeckt saftig und süß.

> **Mangostane ("manggis"):** Apfelgroße, rötliche bis violette Frucht mit harter Schale und kleinen, weißen Samenmänteln im Inneren, die süßsauer schmecken. Achtung: Der rötliche Saft aus der Schale färbt sehr stark. Aus diesem Grund sind die Früchte in vielen Hotels nicht erlaubt.

> **Rambutan:** Rötliche oder gelbe Frucht mit langen "Haaren" ("rambut": "Haar"), die an Stacheln erinnern. Im Inneren befindet sich das weiße, essbare Fruchtfleisch, das den Kern umhüllt.

> **Rosenapfel ("jambu air"):** kleine, rötliche Früchte von birnenförmiger Gestalt mit wässrigem Geschmack

> **Sternfrucht ("karambole", "belimbing"):** Gelbe Frucht mit sternförmigem Querschnitt. Der Geschmack ist apfelähnlich.

O15kI Abb.: ho

◁ *Mangos, Limonen, Bananen und Maracujas – nur einige der typischen Früchte Malaysias*

benden Inder sind **Tamilen** aus dem Süden Indiens – somit dominiert die **südindische Küche.** Als Grundlage wird **gekochter Reis** serviert, dazu verschiedene Gemüsearten, Fisch und Meeresfrüchte. Häufig werden die Gerichte mit Kokosmilch abgeschmeckt, als harmonisierendes Gegengewicht zu den reichlich verwendeten Chilis, Curryblättern und anderen Gewürzen.

Nordindische Gerichte kommen häufig ohne Reis aus. Sie bestehen vor allem aus Brotfladen: *chapati, naan* oder *roti* (Fladenbrot mit Ei). Dazu reicht man dann Gemüse und Fleischgerichte, oft Lamm oder Huhn, sowie Currysoßen. Die Gerichte zeichnen sich durch eine gute Würzung aus. **Rotis** sind auch eine beliebte Zwischenmahlzeit, denn sie lassen sich unterschiedlich belegen; z. B. mit Ei *(roti telur)* oder Bananen *(roti pisang),* während „**roti canai**" (gesprochen: „tschanei") nur den Brotfladen mit einer oder mehreren Currysoßen bezeichnet. Sättigender ist *murtabak,* eine Art dicker, mit Gemüse, Ei, Fleisch oder Fisch gefüllter Pfannkuchen.

In den in Kuala Lumpur so typischen **Banana Leaf Restaurants** werden vorwiegend vegetarische Gerichte aus dem Süden Indiens angeboten: sogenannte *banana leaf meals.* Statt Tellern bekommt man hier ein **Bananenblatt,** in dessen Mitte der Reis platziert wird. Um den Reis herum drapiert man die Gemüsebeilagen, Curry-Varianten, Linsen *(dal),* Fleisch oder Fisch. Gegessen wird ausschließlich mit den Fingern; Besteck muss man meist extra ordern.

▷ *Große Auswahl: die Küchen Malaysias sind ausgesprochen vielfältig*

Chinesische Küche

„Chinesisch" zu essen, ist eigentlich gar nicht möglich, weil die Restaurants, die von Chinesen betrieben werden, jeweils **regionale Spezialitäten** servieren. Allen gemeinsam ist eher das Drumherum: Man sitzt an **großen, runden Tischen** mit einem **Drehteller in der Mitte,** in einem kleinen Schälchen wird eine Mischung aus Sojasoße und klein geschnittenen Chilis kredenzt, separat kommt auch der Reis auf den Tisch. Alle Gerichte werden auf dem Drehteller oder daneben drapiert, sodass möglichst jeder von jedem Gericht kosten kann. Erst dann beginnen die Unterschiede, die sich aus den verschiedenen Esskulturen ableiten, welche die einst aus den unterschiedlichen **Regionen Chinas** eingewanderten Chinesen mitgebracht haben.

Viele Vorfahren der malaysischen Chinesen haben ihre Wurzeln in der **Provinz Kanton,** sodass diese Küche besonders häufig zu finden ist. Die Gerichte sind leicht und delikat-mild gewürzt, häufig wird Ingwer verwendet. Klassiker sind *dim sum* (gedämpfte Teigtaschen) und **Früh-**

017 kl Abb.: ho

Malaysische Kaffee- und Teekultur

Internationale Kaffeehausketten haben natürlich inzwischen auch Malaysia erobert, doch hier gibt es schon seit Langem eine **lebendige Tradition des Kaffee- und Teetrinkens.** *Die traditionellen Coffeeshops, die aber auch Essen servieren, heißen in Malaysia* **Kedai Kopi.** *Will man einen* **Kaffee („kopi")** *oder* **Tee („teh")** *bestellen, hat man die Wahl zwischen folgenden Varianten: „kopi/teh kosong" (schwarz), „kopi/teh-o" (mit Zucker) oder „kopi/teh susu" (mit dickflüssiger, gesüßter Kondensmilch). Will man Eiskaffee oder -tee trinken, bestellt man „kopi bzw. teh-o-ais".*

Eine ganz besondere **lokale Spezialität** *ist* **„teh tarik"** *(wörtlich: „gezogener Tee"). Dabei wird der Tee mit Milch durch wiederholtes Umschütten von einem Gefäß in ein anderes abgekühlt; gleichzeitig schäumt so die Milch wunderbar auf. Das Allerbeste ist jedoch die einzigartige Show, bei es letztlich darum geht, die beiden Gefäße möglichst weit voneinander entfernt zu halten und so einen möglichst langen Strahl zu produzieren. Das Ganze funktioniert natürlich ebenfalls mit Kaffee.*

In Malaysia haben sich in den letzten Jahren etliche **regionale Ketten** *entwickelt, in denen man traditionelle Kaffee- und Teevariationen sowie leckere kleine Mahlzeiten genießen kann, etwa* **Secret Recipe** *(www.secretrecipe.com.my) und* **Old Town White Coffee** *(www.oldtown.com.my). Eine Empfehlung zweier Filialen findet sich auf S. 46.*

lingsrollen. Weit verbreitet ist die **Peking-Küche**, deren Geflügelgerichte, v.a. die Peking-Ente, weltweit Beachtung finden. Aus der **Region Teochew** stammt das schmackhafte *steamboat (hot pot),* eine Art Fondue, bei dem Fisch, Fleisch, Tofu und Gemüse roh in siedender Brühe gegart werden. Aus **Hainan** kommen die mit pikanten Soßen aus Knoblauch, Chili, Soja und Sesam angemachten Gerichte wie *chicken rice.* Wer es gut gewürzt bis scharf mag, sollte unbedingt die **Sichuan-Küche** probieren, die mit viel Chili, Knoblauch und Kampfer auch schon mal Gaumen zum „Brennen" bringt. Sehr lecker sind Sichuan-Entenbraten oder *chili chicken.* Aus der **Hokkien-Küche** stammt das Gericht *bak kut teh:* Schweinerippchen, die in einem Kräutersud mit Gewürznelken, Knoblauch und Shiitake-Pilzen geköchelt werden. Als *chi kut teh* gibt es das Gericht auch mit Hühnchen. Weitere in Malaysia beliebte Hokkien-Speisen sind *popiah* (Frühlingsrollen) und *Hokkien mee* – hier werden dicke Eiernudeln mit Fleisch, Fisch, Meeresfrüchten und Gemüse gebraten und mit einer dicken Sojasoße kredenzt.

Die **Küche der Hakka** ist bekannt für das Gericht *yong tau foo,* einen gefüllten Tofukuchen, der mit Nudeln, Chilis, Fisch oder Seafood in einer klaren Brühe gekocht wird.

In nahezu allen Restaurants bekommt man das **nur in Malaysia beheimatete Curry Mee**, eine aromatische, sättigende Nudelsuppe. Weizen- oder Reisnudeln werden in einer würzig-scharfen Currysuppe mit viel Chili, Knoblauch, Zitronengras und Kokosmilch serviert; dazu gibt es je nach Belieben Sojasprossen, Tofu, Garnelen, Fisch, Huhn oder Ei, häufig garniert mit Minzblättern.

Aus den chinesischen Küchen stammen zudem exotisch-teure Spezialitäten wie **Haifischflossensuppe, Vogelnestersuppe** (Schwalbennestersuppe) und **Tausendjährige Eier** (100-Jahr-Eier).

Haifischflossensuppe mag zwar ein Klassiker auf vielen Speisekarten sein, doch sei hier aus Gründen des Tier- und Umweltschutzes vom Verzehr abgeraten. Bei der Vogelnestersuppe handelt es sich um eine Brühe, in der zuvor die Schleimnester der Salanganen (Seglervögel) ausgekocht werden. Tausendjährige Eier machen ihrem Namen alle Ehre, denn die rohen Enteneier werden durch Fermentation konserviert.

Nyonya-Küche

Diese Küche steht für den **Mix aus malaiischer Küche und den Küchen chinesischer Einwanderer.** In den ehemaligen britischen Kolonien der Straits Settlements (s. S. 64) wurden die zugezogenen Chinesen, die sich familiär mit den Malaien vermischten, als **Peranakan** bezeichnet. Sie selbst nannten sich *Baba* (für die Männer) und *Nyonya* (für die Frauen). Im Zuge der Verschmelzung der Kulturen kam es auch zu einer Vermischung der Kochkünste. Die daraus entstandenen Gerichte sind meist milder und geschmacklich feiner abgestimmt.

Gern verwendet man **Schweinefleisch und Krabbenpaste** *(belancan)* sowie **Kokosmilch, Tamarinde und Chili.** Zu den Nyonya-Klassikern gehören *otak-otak,* eine im Bananenblatt gegrillte Krabben- oder Fischpaste, **Laksa** (z. B. *laksa lemak),* eine gehaltvolle Reisnudelsuppe mit Kokosmilch, sowie die bereits erwähnten farbenprächtigen, süßen Kuchen namens *kueh.*

EXTRATIPP

Private Dinner – online arrangiert

Ein besonderes Erlebnis ist ein **Abendessen in einer malaysischen Familie.** In KL ist dies ganz einfach über die **Website Plate Culture** möglich. Hier kann man sich einen Gastgeber aussuchen und einen Termin vereinbaren. So erhält man neben einem authentischen Gericht aus der Kultur des Gastgebers einen unvergesslichen Einblick in den Alltag der Bewohner Kuala Lumpurs. Leider sind die Kosten mit RM 30 bis RM 150 deutlich höher als in Restaurants.

❯ www.plateculture.com

Wo man isst und trinkt

In Kuala Lumpur wird immer und überall gegessen. Einzige Ausnahme: Die Bahnsteige der Hoch- und U-Bahn und natürlich die Bahnen selbst – dort drohen nämlich Geldstrafen!

Für den Touristen ist es einfach, sich ausschließlich auf **Restaurants mit westlicher Speisekarte** zu konzentrieren, allerdings ist es ungleich spannender, sich auf eine kulinarische Entdeckungsreise in die Welt der malaysischen Essenslokale zu begeben. Hier erwartet den Besucher jede Menge **Lokalkolorit.**

Abends verwandeln sich viele Straßen und Gehwege in kleine gastronomische Inseln, wenn die sogenannten „Hawker" ihre **fahrbaren Garküchen** („Hawker Stalls") aufbauen und ihre Leckereien anbieten – meist ist es tatsächlich nur ein Gericht, auf das sich die Köche spezialisiert haben. Die Speise eines Essensstandes lässt sich jedoch prima mit den Gerichten benachbarter Hawker kombinieren.

Eine besondere Variante der Hawker Stalls sind die **Mamak Stalls.** Sie werden von **muslimischen Tamilen (Indern)** betrieben. Dort erhält man z.B. typische malaiische und indische Speisen und Getränke, z.B. *roti canai, murtabak, fish head curry* und *teh tarik.*

Auf Parkplätzen und an Verkehrsknotenpunkten trafen sich die Garküchen über die Jahre so regelmäßig, dass mittlerweile **Hawker Centres** entstanden sind, also Ansammlungen stationärer Garküchen mit Tischen in der Mitte. Häufig sind diese heute überdacht; viele haben sich in den Ober- oder Untergeschossen der Einkaufszentren (s. Liste S. 31) oder an zentralen Bus- und Bahnstationen angesiedelt. Dann spricht man von sogenannten **Food Courts.** Die Vorteile liegen auf der Hand: Hier gibt es eine schier unermessliche Auswahl, die von westlichem Fast Food bis zu asiatischen Gerichten aller Art reicht, außerdem ist eine bessere Kontrolle der hygienischen Zustände möglich.

Eine weitere Variante ist der **Kedai Kopi** („Coffeeshop"). Die meist zur Straße hin offenen Lokale werden oft von mehreren Hawkern bewirtschaftet. Bei dem einen bestellt man ein Reisgericht, beim nächsten eine Suppe und bei einem dritten Kaffee, wobei jeder Wirt auf eigene Rechnung arbeitet.

Im Unterschied zu den vorgestellten Lokalen ist ein **Restoran** (das malaiische Wort für „Restaurant") vergleichsweise teurer und fast immer klimatisiert. Hier sitzt man, ähnlich wie in den typischen chinesisch-malaysischen Lokalen, an großen, runden Tischen, an denen ohne Problem bis zu zwölf Personen Platz finden.

Tischsitten

Das Essen beginnt mit dem **Händewaschen** vor und nach der Mahlzeit – selbst im einfachsten Kedai Kopi befindet sich irgendwo in der Ecke ein Waschbecken. Je nach Lokal und Küche erhält der Gast zum Essen unter-

062kl Abb.: ho

schiedliches Besteck: Entweder **Gabel** (für die linke Hand) und **Löffel** (für die rechte Hand) oder aber **Essstäbchen (chopsticks)** und einen chinesischen **Suppenlöffel** aus Plastik. In vielen indischen Restaurants gibt es gar kein Besteck. In diesem Fall wird mit der Hand gegessen, und zwar nur mit der rechten Hand, die linke gilt als unrein. **Messer** gibt es nur in internationalen Häusern, denn sie sind in der klassischen Gastronomie überflüssig, da alle Gerichte bereits in **bissgerechte Stücke** zerteilt sind.

Das Personal serviert die Gerichte in der Reihenfolge ihrer Fertigstellung. Sobald das erste Gericht auf dem Tisch steht, beginnt man mit dem Essen, auch wenn noch nicht alle etwas bestellt haben. Dies hängt damit zusammen, dass **selten jeder ein eigenes Gericht bestellt.** Gemüse, Fleisch oder Fisch stehen in der Tischmitte und jeder bedient sich; nur Reis als Beilage wird individuell geordert. Besonders bunt und vielfältig sieht ein Tisch bei den chinesischen Malaysiern aus, da sie meist in größeren Gruppen unterwegs sind.

Trinkgeld

Trinkgelder sind **in Malaysia unüblich,** da eine *service charge* in Höhe von 10 % automatisch auf Hotel- und Restaurantrechnungen aufgeschlagen wird. Hinzu kommt eine *government tax* in Höhe von 5 %, erkennbar an den Zeichen + und $$ auf der Rechnung. In kleineren Restaurants und einfachen Hotels irritiert

ein Trinkgeld nur. In **Häusern mit internationalem Standard** ist ein kleines Trinkgeld für besondere Dienste jedoch willkommen; Hotelpagen bekommen z. B. RM 1 pro Gepäckstück.

Hervorhebenswerte Lokale

In den allermeisten Lokalen bekommt man problemlos einen Platz. In den **hochpreisigen Restaurants** bestellt man am Wochenende besser einen Tisch vor.

Indisch

26 [bk] **Janova Banana Leaf Restaurant** $, C1 Bangunan Khas, Jl. 8/1 E, off Jl. Barat, Petaling Jaya, MRT: Taman Jaya, Tel. 03 77828795, geöffnet: tgl. 7–23.30 Uhr. Authentische und sehr schmackhafte südindische Gerichte vom Bananenblatt. Hier kann man für wenig Geld sehr gut essen und satt werden.

27 [I4] **Passage thru' India** $$–$$$, 4 Jl. Delima, off Jl. Bukit Bintang, www.passagethruindia.com, Tel. 03 21450366, geöffnet: tgl. 11.30–14.45 u. 18.30–22.45 Uhr. Hier kommt zum größten Teil die Küche Nordindiens auf den Teller, darunter Klassiker wie *tandoori chicken* und *chicken tikka*.

28 [bk] **Syed** $$, 19 Jl. 556/12, Kelana Jaya, Petaling Jaya, MRT: Taman Jaya, Tel. 03 78048786, geöffnet: 7–23 Uhr. Leckere indische, indisch-malaiische und westliche Gerichte zu günstigen Preisen.

Preiskategorien

$	bis RM 10 (ca. 2 €)
$$	RM 10–25 (ca. 2–5,50 €)
$$$	RM 25–40 (ca. 5,50–10 €)
$$$$	über RM 40 (über ca. 10 €)

Die Preise gelten jeweils für ein Hauptgericht ohne Getränk.

Im Kedai Kopi trifft man sich zum Kaffee, Tee oder Softdrink und kann einfache Gerichte bestellen

Lecker vegetarisch

Vetegarier kommen vor allem in **indischen Restaurants** auf ihre Kosten, da sich viele Hindus traditionell vegetarisch ernähren. Zwei Empfehlungen:

🕑**40** [dj] **Annalakshimi** $$, 116 Jl. Berhala, Brickfields, Tel. 03 22723799, geöffnet: Di.–So. 11.30–15 u. 18.30–22.30 Uhr. Sehr leckere vegetarisch-indische Gerichte, z. B. *roti* (Fladenbrot) und Gemüse-Curry.

🕑**41** [D4] **Bakti Woodlands** $$, 55 Lebuh Ampang, Tel. 03 20342399, geöffnet: tgl. 7–22.30 Uhr. Südindische Küche mit delikaten *chapati* (Fladenbrot ohne Ei), diversen Curry-Varianten und Gewürzjoghurt.

Dinner for one

In den Restaurants Kuala Lumpurs kann man problemlos allein und ungestört essen, z. B. in den Lokalen in Chinatown, etwa **Fong Yuan** und **Platinum Chinatown** (beide s. S. 45). Wer Anschluss sucht, besucht die gesellige **Reggae Pub & Bar** (s. S. 48) oder wird hier fündig:

🕑**42** [ci] **Berlin Bierkeller** $$$, Lot J-01-04, Soho KL, Solaris Mont Kiara, Tel. 03 62030958, geöffnet: tgl. 11–2 Uhr. Deutsches Bier und deutsche Hausmannskost.

Für den späten Hunger

In vielen **Hawker Stalls** am Straßenrand bekommt man noch spät am Abend etwas zu essen. Auch viele **Fast-Food-Restaurants** haben lange geöffnet, manche sogar rund um die Uhr. Weitere Tipps:

🕑**43** [I2] **Acme Bar & Coffee** $$, EG, The Troika, Jl. Binjai, www.acmebarcoffee.com, Tel. 03 21622288, geöffnet: So.–Do. 11–24, Fr./Sa. bis 1 Uhr. Neben verschiedenen Süßspeisen, z. B. Cempedak-Kuchen, gibt es auch Herzhaftes wie *duck rendang* (eine Art Entengulasch) und schmackhafte Cocktails.

🕑**44** [ch] **Mehran** $$, 8 Jl. Ipoh, Tel. 03 40441866, geöffnet: tgl. 24 Std. Im einfachen Ambiente serviert man hier rund um die Uhr pakistanische Gerichte. Wer sehr preiswert essen möchte, sättigt sich mit *naan* (eine Art Brot) und Curry.

Lokale mit guter Aussicht

❯ **Atmosphere 360°** $$$$, im Menara KL **11**, www.atmosphere360.com.my, Tel. 03 20202121, geöffnet: Lunch tgl. 11.30–15, High Tea 15.30–17.30, Dinner 18.30–23 Uhr. Speisen in 282 m Höhe: Die beste Aussicht über Kuala Lumpur erlebt man vom Restaurant im Fernsehturm. Dafür muss man allerdings reservieren und am vergleichsweise teuren Buffet teilnehmen.

🕑**45** [F3] **Luna** $$$$, im Pacific Regency Hotel Suites, 34. Stock, Jl. Puncak, off Jl. P. Ramlee, Tel. 03 23327777, www.pacific-regency.com, geöffnet: tgl. 17–1, Fr./Sa. bis 3, So. ab 10 Uhr. Auf dem Dach des Hotels genießt man Drinks und leichte Gerichte und kann dabei den Blick über die Stadt schweifen lassen.

❯ **Marini's on 57** $$$$, in den Petronas Twin Towers **12**, 57. Stock, www.marinis57.com, Tel. 03 21612880, geöffnet: Bar tgl. 17–1.30, Fr./Sa. bis 3 Uhr, Restaurant Mo.–Do. 19–23, Fr./Sa. 18.30–24 Uhr. Gediegene Bar und luxuriöses Restaurant; am besten vorher reservieren. Es gilt ein Dresscode: „Smart attire" heißt feste Schuhe, keine T-Shirts und (idealerweise) ein Sakko für Herren.

🕑**46** [I1] **View Rooftop Bar** $$$, im G Tower, 199 Jl. Tun Razak, www.view.com.my, Tel. 03 21681881, geöffnet: So.–Do. 17–1, Fr./Sa. bis 3 Uhr. Ist man über 21 Jahre alt und „smart casual" gekleidet, bekommt man Zutritt zu dieser empfehlenswerten Bar mit grandiosem Ausblick. Neben einer Cocktailbar findet man hier eine Whiskey- und eine Champagner-Lounge.

> **Trishna** $^{$$$}$, im Hotel Istana (s. S. 126), www.hotelistana.com.my/dine-trishna, Tel. 012 3820412, geöffnet: tgl. 10.30–15 u. 17.30–1 Uhr. Die Gerichte aus dem Norden Indiens begeistern den Gaumen. Dazu gehören *paneer tikka* (gegrillter Hüttenkäse in würziger Sauce), *butter chicken* und *bhindi masala* (Okraschoten in scharfer Soße). Außerdem lohnt der Blick in die Getränkekarte, vor allem die *lassi* sind zu empfehlen, allen voran das klassische Mango-Lassi.

Chinesisch

🍴**29** [D5] **Fong Yuan** $^{$$}$, 60 Jl. Sultan, Tel. 03 20323848, geöffnet: tgl. 11–15 u. 17–23 Uhr. Hier labt man sich an leckeren Nudelsuppen und anderen vegetarischen Gerichten sowie gut gegartem Schweinefleisch.

🍴**30** [G5] **Hong La Qiao** $^{$$$$}$, 53 u. 55 Changkat Thambi Dollah, Tel. 03 21488078, geöffnet: tgl. 10.30–22 Uhr. Auf den ersten Blick nimmt man die kühle, recht spartanische Einrichtung wahr, doch sollte dies nicht abschrecken, denn Service und Qualität des Essens sind ausgezeichnet. Man bekommt authentische Schanghai- und Sichuan-Speisen, zu denen z. B. *steamboat* und *crispy duck* (knusprig gebratene Ente) gehören.

🍴**31** [D5] **Kim Lian Kee Restaurant** $^{$$}$, 49 Jl. Petaling, Tel. 03 20324984, geöffnet: tgl. ab 17 Uhr (Ende offen). In dem traditionsreichen Restaurant, das bereits 1920 eröffnete, gibt es vor allem das beliebte Nudelgericht *Hokkien mee* sowie zahlreiche andere Köstlichkeiten aus den verschiedenen Regionalküchen Chinas.

🍴**32** [D5] **Platinum Chinatown** $^{$$}$, 25 u. 27 Jl. Hang Lekir, Tel. 03 20707284, geöffnet: tgl. 10–23.30 Uhr. Vielfältige Auswahl an chinesischen Speisen. Bekannt ist das Restaurant für seine Krabben- und Garnelengerichte.

Gastro- und Nightlife-Areale
Bläulich hervorgehobene Bereiche in den Karten kennzeichnen Gebiete mit einem dichten Angebot an Restaurants, Bars, Klubs, Discos etc.

Die Atmosphäre lebt vom Charme der Vergangenheit, das muss man mögen.

🍴**33** [F4] **Table 23** $^{$$}$, 23 Jl. Mesui, www.table23.com.my, Tel. 03 21410023, geöffnet: Mo.–Fr. 11.30–1, Sa./So. ab 16.30 Uhr. In einer Art Hinterhof speist man entweder auf der Terrasse unter freiem Himmel oder im Gebäude. Leckeres aus Asien, vorwiegend chinesisch und thailändisch inspiriert, sowie typisch Westliches wie Burger und Steak.

Malaiisch

🍴**34** [H4] **Bunga Emas** $^{$$$$}$, 5 Jl. Conlay, The Royale Chulan Kuala Lumpur, Tel. 03 26889688, geöffnet: tgl. 12–14.30 u. 19–22.30 Uhr. Im Luxushotel speist man exquisit und authentisch malaiisch. Sehr gut sind die gedämpften Krabben mit Kokos *(botok ketam alaska air asam jeruk madu)* und das gegrillte Rindfleisch mit einem Curry aus grünen Erbsen *(wagyu panggang paku pakis)*. Zum Dessert unbedingt *cendol gula hangus* (Kokoscreme mit Klebreis) kosten!

> **Enak** $^{$$$}$, in der Starhill Gallery (s. S. 32), LG 2, Feast Floor, www.enakkl.com, Tel. 03 21418973, geöffnet: tgl. 12–22 Uhr. Typisch malaiische Gerichte wie *sate* oder *rendang* im eleganten und stilvollen Ambiente.

> **Grandmama's Cafe & Cuisine,** im Pavilion Kuala Lumpur (s. S. 32), 6. Stock, Tel. 03 21439333, geöffnet: tgl. 11–23 Uhr. Malaiische Spezialitäten, aber auch chinesische und indische Gerichte: Hier gibt es die ganze Vielfalt der lokalen Küche wie von Oma selbst gekocht.

Kuala Lumpur für Genießer

> **Kelantan Delights** $$$, im KL Sentral (s. S. 106), 1. Stock, www.kelantan delights.com, Tel. 03 27851945, geöffnet: Mo.–Fr. 12–23 Uhr. Traditionelle malaiische Speisen, die sich als Menü oder einzeln bestellen lassen. Als Dessert muss man die gebratenen Bananen *(pisang bakar)* probiert haben.

Aus den Nachbarländern

> **Bumbu Desa** $$, im Suria KLCC (s. S. 32), Lot 415, 4. Stock, www. bumbudesa.com, Tel. 03 21613530, geöffnet: tgl. 10–22 Uhr. In dem Restaurant der indonesischen Kette gibt es sehr wohlschmeckende und gut gewürzte, mitunter scharfe Gerichte der Regionalküchen Indonesiens. Ausgezeichnet munden *ayam cabai ijo* (mariniertes Hähnchenfleisch) und *gado gado* (Gemüse mit Ei, Tofu und Erdnusssoße).

> **Chakri Palace** $$$$, im Suria KLCC (s. S. 32), Lot 417 B, 4. Stock, www. chakri.com.my, Tel. 03 23827788, geöffnet: tgl. 12–22 Uhr. Liebhaber der Thai-Küche werden begeistert sein. Wer schon immer einmal selbst thailändisch kochen wollte, kann sich über das Internet zu einem Kochkurs anmelden.

Westlich

> **35** [C4] **D'Greenwood** $, Dataran Undrgrnd unter dem Dataran Merdeka ❷, Tel. 03 61841069, geöffnet: tgl. 9–20 Uhr. Im Angebot sind appetitliche Snacks und Süßigkeiten – ganz gleich, ob zum Frühstück, Mittagessen oder Kaffeetrinken am Nachmittag.

> **36** [cj] **Marmalade** $$, 1F-18, Bangsar Village II, 1 Jl. Telawi 2, Bangsar Baru, www.ilovemarmalade.com, Tel. 03 22828301, geöffnet: tgl. 10–22 Uhr. Die Palette reicht von Suppen über Salate und Wraps bis hin zu Pastagerichten – und es werden ausgesprochen köstliche Süßspeisen serviert. WLAN-Hotspot.

> **Nerofico** (s. S. 49). Eine Mischung aus Restaurant und Jazzklub mit hervorragender italienischer Küche.

> **37** [cj] **Nosh** $$, 7 Jl. Telawi 3, Bangsar Baru, Tel. 03 22013548, www.nosh. my, geöffnet: Mo.–Do. 8–23, Fr. 8–24, Sa. 10–24, So. 10–23 Uhr. Es gibt allerlei Köstlichkeiten aus verschiedenen Ländern, darunter delikate Fisch- und Fleischgerichte, kleine Stärkungen sowie sündig gute Desserts. WLAN-Hotspot.

> **38** [bk] **Victoria Station** $$$, 21 Jl. Barat, Petaling Jaya, www.victoriastation.com. my, Tel. 03 79558988, geöffnet: tgl. 12–24 Uhr. Neben diversen westlichen Gerichten, die ansprechend angerichtet werden, wird hier vor allem der Liebhaber guter Steaks fündig, denn das Restaurant nennt sich selbst nicht zu Unrecht „The House of Fine Steaks".

Cafés und Imbisse

> **39** [D3] **ABC Food's Corner,** Loron Bunus Satu, off Jl. Masjid India, Tel. 03 26981449. Vom Softdrink bis zu *teh tarik* („gezogener Tee"): Neben Getränken erhält man hier auch typisch malaysische Speisen wie Nudelgerichte, indisches Curry und *roti canai* (s. S. 39).

> **Old Town White Coffee im Berjaya Times Square** (s. S. 31), 3. OG, 03-112, Tel. 016 228 8376, geöffnet: So.–Do. 10–23.30, Fr./Sa. 10–24 Uhr. WLAN-Hotspot. Schmackhafte Snacks, Kuchen, Kaffee- und Teespezialitäten.

> **Old Town White Coffee im Central Market** ❼, Laden F&B 1, EG, Tel. 03 22606000, geöffnet: tgl. 10–22 Uhr. WLAN-Hotspot. Eine weitere Filiale der lokalen Kaffeehauskette.

> **Uncle Wah Coffee Corner im Central Market** ❼, Laden 1.13, EG, Tel. 012 3822384, geöffnet: tgl. 10–22 Uhr. Typisch malaiischer Kaffee und Tee im modernen Ambiente, dazu gibt es allerlei Leckereien aus der einfachen malaiischen Küche, etwa *nasi lemak.*

063kl Abb.: fotolia.com © WONG SZE FEI

Kuala Lumpur am Abend

*Zunächst einmal ist Malaysia ein is-
lamisches Land, das nicht unbedingt
ein ausgeprägtes Nachtleben besitzt.
Andererseits ist vor allem die Hauptstadt Kuala Lumpur sehr westlich
orientiert. Daraus lässt sich jedoch
nicht ableiten, dass es hier eine Aus-
gehszene gibt, wie man sie in europäischen Metropolen oder im Nach-
barland Thailand findet. Dennoch
gibt es ein gutes und vielfältiges Angebot, bei dem fast jeder auf seine
Kosten kommt. Das Nachtleben kon-
zentriert sich vor allem auf das Gebiet zwischen der Jalan P. Ramlee,
der Jalan Sultan Ismail und der Jalan
Bukit Bintang. Wer abends Konzerte
erleben möchte, ist in der Philharmonie in den Petronas Twin Towers genau richtig.*

⌂ *Besonders abends beeindruckend:
die beleuchtete Skyline von KL*

Nachtleben

Bars, Kneipen und Pubs

❼**47** [F2] **Beach Club Cafe,** 97 Jl. P.
Ramlee, www.beachclubcafe.com,
Tel. 03 21669919, geöffnet: tgl. 12–
1 Uhr. Café und Bar im großen Garten
mit Strandklub-Ambiente und internatio-
nalem Publikum.

◐**48** [al] **Borneo Rainforest Bistro,**
Persiaran Lagoon, gegenüber dem
Sunway Resort Hotel, Petaling Jaya,
Tel. 03 56350888, geöffnet: tgl. 12–
24 Uhr, Livemusik ab 22 Uhr. Dschungel-
Flair mit kleinem Wasserfall und einem
Sammelsurium der Ethnien Borneos.
Dazu gibt es Bier und Cocktails.

❯ **Finnegan's in der Mid Valley Megamall** (s. S. 33), G(E)-003. EG, Bou-
levard, www.finneganspubs.com, Tel.
03 22848157, geöffnet: tgl. 12–1 Uhr.
Typischer Irish Pub mit stimmungsvoller
Atmosphäre, Bier vom Fass und Fußball
auf der Großleinwand. WLAN-Hotspot.

❼**49** [F4] **Frangipani,** 25 Changkat Bukit
Bintang, www.frangipani.com.my,

Smoker's Guide

Rauchen wird auch in Malaysia als **gesund-heitliches Problem** betrachtet, gegen das vorgegangen wird. Zum einen sind Zigaretten mit hohen Steuern belegt worden, auch wenn sie für Europäer immer noch vergleichsweise günstig sind. Zum anderen zieren die Packungen große Farbfotos der verschiedenen, durch Rauchen verursachten Erkrankungen. Außerdem gelten **an vielen öffentlichen Orten Rauchverbote.** So darf man in Krankenhäusern, Shoppingmalls, Schulen, öffentlichen Toiletten und Aufzügen ebenso wenig rauchen wie in klimatisierten Restaurants oder öffentlichen Verkehrsmitteln. Rauchern bleibt also nur die „Flucht" auf den **Gehweg** oder der Auf-enthalt in einem **Open-Air-Restaurant.** Oder sie begeben sich eine dieser beiden Bars:

> **Chambers Bar & Grill im Hilton Kuala Lumpur** (s. S. 126), Lobby, Tel. 03 22642592, geöffnet: Grillbereich tgl. 12–23 Uhr, Bar So.–Do. 10–1, Fr./Sa. bis 2 Uhr. Tolle Drinks, köstliche Snacks und Grillgerichte frisch vom Feuer.

> **Zeta Bar im Hilton Kuala Lumpur** (s. S. 126), 5. OG, Tel. 03 22642592, geöffnet: Mo./Di. 8–2, Mi.–Sa. bis 3 Uhr. In der gemütlichen Bar kann man nach Herzenslust rauchen und sich dabei an erlesenen Drinks oder gut gekühltem Bier laben.

Tel. 03 21443001, geöffnet: Bar Di.–Do. u. So. 18–24, Fr./Sa. bis 3 Uhr, Restaurant Di.–So. ab 19.30 Uhr. Sehr schicke, dafür aber auch teure Bar mit exquisiten Cocktails und Drinks, Dancefloor und moderner Klubmusik. Im Restaurant (Reservierung notwendig) werden exzellente französische Gerichte kredenzt, außerdem asiatisch-europäische Fusionsküche.

➍**50** [F2] **Hard Rock Cafe,** 2 Jl. Sultan Ismail, www.hardrock.com, Tel. 03 27155555, geöffnet: So.–Do. 11.30–1.30, Fr./Sa. bis 2 Uhr. Bier und Cocktails gibt es reichlich, häufig Liveauftritte und Sets von angesagten DJs. Wie in allen Niederlassungen werden überwiegend amerikanische und Tex-Mex-Gerichte serviert, dazu gibt es aber auch malaysische Speisen. WLAN-Hotspot.

➐**51** [A7] **Mai Bar** $$, im ALoft Hotel, 5 Jl. Stesen Sentral, www.aloftkualalumpur sentral.com, Tel. 03 27231188, geöffnet: So.–Do. 12–24, Fr./Sa. bis 2 Uhr. Vom Dach des Hotels am Hauptbahnhof eröffnet sich eine ideale Sicht über KL; in der Poolbar kann man leckere Cocktails und frisch gezapftes Bier genießen.

➐**52** [H1] **Market Place Restaurant & Lounge,** 4 Lorong Yap Kwan Seng, www.mpkualalumpur.com, Tel. 03 21660750, geöffnet: tgl. ab 20 Uhr. Das EG beherbergt ein empfehlenswertes Restaurant mit malaysisch-westlicher Küche; besonders lecker sind die Meeresfrüchte. Das OG ist eine Mischung aus Bar, Lounge und Klub. Zum Relaxen lädt der Dachgarten ein.

➐**53** [H4] **Qba Grill & Bar,** im The Westin Kuala Lumpur, 199 Jl. Bukit Bintang, Tel. 03 27318333, geöffnet: Bar tgl. ab 17 Uhr, Grillbereich tgl. 18.30–22.30 Uhr. In der lateinamerikanisch beeinflussten Bar findet man sehr gute Weine und Cocktails. Man kann sie drinnen wie draußen genießen.

➐**54** [D5] **Reggae Pub & Bar** $$, 158 Jl. Tun H. S. Lee, Tel. 03 20267690, geöffnet: tgl. 12–2 Uhr. Gemütliche Kneipe, in der man neben einfachen Snacks, gutem Bier und leckeren Cocktails Kontakte zu Menschen aus aller Welt knüpfen kann.

❯ **Rootz** $$$$, im Lot 10 (s. S. 32), Tel. 03 27823555, geöffnet: Mi.–Sa. 22–3 Uhr. Angesagte Location auf dem Dach der Shoppingmall Lot 10, dafür zahlt man aber auch saftige Preise.

⊖**55** [J1] **SOULed OUT Ampang,** im Menara HSC, EG, 187 Jl. Ampang, www.souledout.com.my, Tel. 03 21811626, geöffnet: tgl. 7–24 Uhr. Gemütlicher Treffpunkt für leichte Gerichte und gute Drinks. WLAN-Hotspot.

⊖**56** [ei] **The Pool,** 347 Jl. Ampang, www.thepool.com.my, Tel. 017 9985577, geöffnet: Mi.–Fr. 18–3, Sa./So. ab 16 Uhr. Pool-Party-Atmosphäre mit ausgesprochen schöner Aussicht und einer kleinen Tanzfläche. Wer mag, kann sich nachts im Pool abkühlen, also Badeshorts und Bikini einpacken!

Livemusik

⊖**57** [ai] **Laundry,** The Curve, EG, Westhof, Mutiara Damansara, 6 Jl. PJU 7/3, Petaling Jaya, www.laundrybar.net, Tel. 03 77281715, geöffnet: Mi.–Sa. ab 21 Uhr. Im Retrostil eingerichtet, hat man sich hier lokalen Bands verschrieben, die vorwiegend Rock zum Besten geben.

⊖**58** [F4] **Pisco Bar,** 29 Jl. Mesui, www.piscobarkl.com, Tel. 03 21422900, geöffnet: Di./Do./ So. 17–1, Mi. bis 2, Fr./Sa. bis 3 Uhr. Im OG des von außen wenig einladenden Gebäudes spielen Livebands vor allem Indie-Rock.

⊖**59** [bk] **The Bee,** 2A–G, Block K, Jaya One, 72 A Jl. Universiti, www.thebee.com.my, Tel. 03 79602160, geöffnet: Mo.–Fr. 9–12, Sa./So. 10.30–1 Uhr. Vormittags ein Café, treten hier nachmittags und abends Lifebands auf und präsentieren dem Publikum Selbstkomponiertes oder Cover-Versionen.

▷ *Auch ein Vorschlag zur Abendgestaltung: traditionelle Folkloreshows, z. B. im MaTiC (s. S. 115)*

Jazzklubs

⊖**60** [ci] **Nerofico,** Wisma Perintis, EG, 47 Jl. Dungun, Bukit Damansara, www.nerofico.com, Tel. 03 20895312, geöffnet: Mo.–Sa. 8–23 Uhr. In erster Linie ist das Nerofico ein italienisches Restaurant (daher auch die frühen Öffnungszeiten), abends jedoch verwandelt es sich in einen Jazzklub, in dem man auch noch ausgezeichnet essen kann.

⊖**61** [F4] **No Black Tie,** 17 Jl. Mesui, off Jl. Nagasari, www.noblacktie.com.my, Tel. 03 21423737, geöffnet: tgl. 17–3 Uhr. Neben lokalen Jazz-Künstlern treten hier immer mal wieder international bekannte Jazzer auf.

Discos und Klubs

⊖**62** [F4] **Palate Palette,** 21 Jl. Mesui, www.palatepalette.com, Tel. 03 21422148, geöffnet: tgl. 12–24, Fr./Sa. bis 2 Uhr. Im gemütlichen, zugleich hippen Ambiente kann man leckere Snacks verzehren und im OG zu Indie, Reggae oder Rock abtanzen. WLAN-Hotspot.

018ki Abb.: ho

064kl Anh · ho

63 [G2] **Rum Jungle**, Jl. P. Ramlee/Jl. Pinang, Tel. 03 21480282, geöffnet: tgl. 15–3 Uhr. Zwischen Hochhäusern und überfüllten Straßen bietet die kleine „Dschungel"-Enklave eine reiche Auswahl an Bier und Cocktails, dazu spielen Livebands auf oder ein DJ legt auf.

64 [F2] **Zouk**, 113 Jl. Ampang, www.zoukclub.com.my, Tel. 03 21711997, geöffnet: Sa. 22–3 Uhr, Open-Air-Barbereich ab 10 Uhr. In sieben Räumen werden verschiedene Musikrichtungen gespielt, häufig Gastauftritte internationaler DJs. Geschlossene Schuhe, Hemden und lange Hosen sind ein Muss. Mindestalter: 23 Jahre (Männer) bzw. 21 Jahre (Frauen).

Theater und Konzerte

65 [G2] **Dewan Filharmonik Petronas**, Suria KLCC, www.mpo.com.my, Tel. 03 20517008, Tickets: ab RM 30. In der **Philharmonie** unterhalb der Petronas Twin Towers **12** finden regelmäßig internationale Opern-, Konzert- und Tanzaufführungen statt – neben Klassik auch Jazz und Weltmusik. Es ist die Heimstätte des Malaysian Philharmonic Orchestra (MPO). Tickets lassen sich am besten online über die angegebene Website erwerben.

66 [di] **Istana Budaya**, Jl. Tun Razak, www.istanabudaya.gov.my, Tel. 03 40265555, Tickets: ab RM 40 bis weit über RM 250. Im Nationaltheater Malaysias, das in einem modernen, glitzernden Gebäude untergebracht ist, finden mehrere Hundert Menschen Platz. Trotz moderner Bauweise hat man die Architektur an die malaiische Kultur angelehnt, denn aus der Luft gleicht das Gebäude dem Wau Bulan, einem Steigdrachen aus Kelantan, der auch als Monddrachen bekannt ist. Aufgeführt werden internationale Musicals und manchmal Opern. Besonders beliebt sind jedoch regional inspirierte Musik-Theater-Aufführungen und Konzerte.

> **Malaysia Tourism Centre** (MaTiC, s. S. 115). Im Hauptbüro des Fremdenverkehrsamtes von Malaysia werden mehrmals pro Woche auf kleinen Bühnen Kulturveranstaltungen angeboten, bei denen traditionelle Tänze aufgeführt werden (Di./Mi./Do. 15 Uhr, Sa. 20.30 Uhr, Tickets: ab RM 5).

Gongs spielen eine zentrale Rolle in der traditionellen malaiischen Musik

Prachtvolles Design: die Kuppel im Islamic Arts Museum **19**

Kuala Lumpur für Kunst- und Museumsfreunde

Die Museumsszene der Stadt ist klein, aber fein. Schwerpunktmäßig gibt es hier etliche Museen, die Exponate zum Land, zu seiner Geschichte und Kultur präsentieren oder die sich – über die Staatsgrenzen hinaus – anderen Gegenden Südostasiens verschrieben haben. Internationale Kunst ist eher selten vertreten.

Museen

67 [H3] **Badan Warisan Malaysia – Heritage Centre,** 2 Jl. Stonor, www.badanwarisanmalaysia.wordpress.com, Tel. 03 21449273, geöffnet: Exhibition Centre tgl. 10–17.30 Uhr. Die NGO hat es sich zur Aufgabe gemacht, traditionelle Baustile zu erhalten. Auf dem Gelände gibt es neben einer Fotoausstellung auch Originalexponate aus diversen malaysischen Bundesstaaten, so z. B. ein traditionelles malaiisches Haus **(aktuell wird hier gebaut).** Das Exhibition Centre ist allerdings geöffnet.

68 [ei] **Balai Seni Visual Negara (National Art Gallery),** 2 Jl. Temerloh, off Jl. Tun Razak, Monorail: Titiwangsa, Hop-on-hop-off-Bus: Station 20, Tel. 03 40254990, geöffnet: tgl. 10–18 Uhr, Eintritt frei. In drei großen Ausstellungshallen werden vorwiegend Werke zeitgenössischer malaysischer Künstler gezeigt. Leider gibt es keine englischen Übersetzungen.

69 [G2] **Galeri Petronas,** Lot 341–343, Suria KLCC, Ebene 3, Tel. 03 20517770, www.galeripetronas.com.my, geöffnet: Di.–So. 10–20 Uhr, Eintritt frei. In der Galerie in den Räumen der Petronas Twin Towers **12** wird neben Werken einheimischer Künstler auch internationale Kunst gezeigt. Die Philosophie des Hauses: Kunst ist eine universelle Sprache zur Völkerverständigung.

19 [B5] **Islamic Arts Museum Malaysia.** Eine aufschlussreiche Einführung in die Welt der islamischen Kunst. Zudem bekommt man einen Eindruck, wie diese Religion die Welt beeinflusst hat.

066H Abb.: mr

Kuala Lumpur für Kunst- und Museumsfreunde

019kl Abb.: ho

Museen, die mit einer magentafarbenen Nummer (**16**) als Hauptsehenswürdigkeit ausgewiesen sind, werden im Kapitel „Kuala Lumpur entdecken" ausführlich beschrieben. Dort finden sich auch alle praktischen Informationen wie Adresse, Öffnungszeiten usw.

71 [H4] **Kompleks Kraf Kuala Lumpur,** Jl. Conlay, Seksyen 63, www.kraftan gan.gov.my, Tel. 03 21627533, geöffnet: Museum tgl. 9– 17.30, Craft Village tgl. 10–18 Uhr, Eintritt: RM 3. Dioramen zeigen, wie malaiisches Kunstgewerbe gefertigt wird. Daneben erhält man interessante Einblicke in das traditionelle Leben in malaiischen Dörfern (*kampung*).

71 [C4] **Kuala Lumpur City Gallery,** 27 Jl. Raja, www.klcitygallery.com, Tel. 03 26983333, geöffnet: tgl. 9– 16.30 Uhr, Eintritt frei. In einem 114 Jahre alten Gebäude am Dataran Merdeka **2** präsentiert dieses historische Museum ein breites Spektrum an Malerei, Fotografie und architektonischen Modellen zur Stadtgeschichte, stets mit dem Ziel, das kulturelle Erbe Malaysias zu verdeutlichen und zu bewahren. WLAN-Hotspot.

72 [D4] **Maybank Numismatic Museum,** im Maybank Tower, 1. Stock, Jl. Tun Perak/Jl. Pudu, Tel. 03 20747418, geöffnet: Mo.–Fr. 10– 16.30 Uhr, Eintritt frei. Von den ersten Zahlungsmitteln in Malaya bis zum heutigen Ringgit: Wer an der Geschichte des Geldes interessiert ist, findet hier zahllose informative Exponate.

16 [B5] **Memorial Tun Abdul Razak.** Das Gebäude ist eine Mischung aus Museum und Gedächtnishalle für Tun Abdul Razak (1970–76), den zweiten Premierminister des Landes.

73 [ck] **Museum of Asian Art,** University of Malaysia, Jl. Ilmu, www.museum. um.edu.my, Tel. 03 79673805, geöffnet: Mo.–Do. 9– 13 u. 14–17, Fr. 9–12.15 u. 14.45–17 Uhr, Eintritt frei. Neben Malerei werden Skulpturen, Töpferwaren und Textilien einheimischer und asiatischer Künstler ausgestellt.

14 [B6] **Muzium Negara (National Museum).** Das äußerst informative Museum zeigt die Geschichte und die Entwicklung Malaysias über die Jahrhunderte auf.

△ *Eine alte Fahrradriksha vor dem Muzium Negara* **14**

▷ *Konversion zum Islam: der Raja von Malakka und Saiyid Abdul Aziz (Szene im Muzium Negara)*

🏛 **74** [C4] **Muzium Tekstil Negara,** 26 Jl. Sultan Hishamudin, www.muziumtekstilnegara.gov.my, Tel. 03 26943457, geöffnet: tgl. 9–18 Uhr, Eintritt frei. Der ideale Ort für alle, die sich für die Textilkunst der Region interessieren. Das Museum vermittelt einen Überblick über die Kunst der Batik und verschiedenen Webarten. Typisch für malaiische Batik sind florale Motive, die direkt auf den Stoff gemalt werden. Das sehenswerte maurische Gebäude mit Kuppeln und Türmen stammt aus dem Jahr 1896.

🏛 **75** [D4] **Muzium Telekom,** Jl. Raja Chulan/Jl. Gereja, www.muziumtelekom.com.my, Tel. 03 20319966, geöffnet: Museum tgl. 9–17 Uhr, Museumscafé Mo.–Fr. 7.30–16 Uhr, Eintritt: RM 10. Von der Morsetelegraphie vor über 100 Jahren bis zur digitalen Verarbeitung in unserer Zeit informiert das Museum eindrucksvoll über die Entwicklung der Telekommunikation. Viele Aspekte sind an historische Ereignisse bzw. Personen gebunden, sodass die Darstellungen nicht zu abstrakt sind.

🏛 **76** [G2] **Petrosains,** Suria KLCC, Ebene 4, www.petrosains.com.my, Tel. 03 23318181, geöffnet: Di.–Fr. 9.30–17.30 (letzter Einlass: 16 Uhr), Sa./So. bis 18.30 (letzter Einlass: 17 Uhr), Eintritt: RM 25, Kinder 3–12 Jahre RM 15, Familie (2 Erwachsene, 2 Kinder) RM 50. Das von Petronas gesponserte Wissenschaftsmuseum widmet sich vor allem der petrochemischen Industrie. Kindgerecht aufbereitet, erfährt man hier viel Wissenswertes über die Entstehung von Erdöl und begibt sich dafür auf eine Zeitreise in die ferne Vergangenheit.

🏛 **77** [B5] **Royal Malaysian Police Museum,** 5 Jl. Perdana, Tel. 03 22725689, geöffnet: Di.–So. 10–18 Uhr, Eintritt frei. Die Entwicklung der malaysischen Polizei, eingerahmt in die wechselvolle Geschichte des Landes. Schwerpunkte bilden die Zeit des Krieges, die kommunistische Rebellion und der Kampf gegen Drogenhandel.

Kunstgalerie

🎭 **78** [D4] **Annexe Gallery,** Central Market Annexe, 2. OG. Jl. Hang Kasturi, www.annexegallery.com, geöffnet: tgl. 11–19 Uhr, Tel. 016 4892603. Hier entdeckt der Besucher Zeichnungen, Fotografien und weitere Werke internationaler und lokaler Künstler; es finden auch Performances statt.

Kuala Lumpur zum Träumen und Entspannen

Ist es in einer asiatischen Metropole, die scheinbar 24 Stunden am Tag „busy" ist, überhaupt möglich, so richtig zu entspannen? Die verblüffende Antwort lautet: Ja!

Eines gleich vorweg: **Verkehrslärm** gibt es nahezu überall, also ist absolute Stille in Kuala Lumpur nicht zu finden – aber es geht durchaus ruhiger. Natürlich kann man sich zunächst in eines der **teuren Spas** begeben – hier erlebt man eine Oase der Ruhe und Entspannung, allerdings wird auch der Geldbeutel deutlich leichter. Eine Empfehlung ist das folgende:

●**79** [H4] Spa Village Kuala Lumpur, im Ritz Carlton, 168 Jl. Imbi, www. spavillage.com/kualalumpur, Tel. 03 27829090 (tel. Anmeldung erforderlich)

Oder man verbringt seine Zeit am **Pool** eines Hotels (s. Liste S. 126). Das bringt zwar Entspannung, gibt jedoch nicht den wahren Reiz der Stadt wieder, den man erst außerhalb von Gebäuden erfährt.

Ein besonders schöner und großzügig angelegter Bereich, in dem man zur Ruhe kommen kann, ist der **Tun Abdul Razak Heritage Park**, das ehemalige Lake Gardens. Dort lockt vor allem der **Perdana Botanical Garden** ⓯. Hier kann man nach Herzenslust auf asphaltierten Wegen flanieren, sich an den See setzen, Hirschen begegnen oder der Vogelwelt lauschen. Manchmal sind auch Affen zu sehen. Und das alles gratis.

Eine ähnlich relaxte Atmosphäre, wenngleich ungleich lärmintensiver, bieten die Bänke im **westlichen Teil** des zentralen Platzes **Dataran Merdeka** ❷. Hier rauschen zwar die Autos vorbei, dennoch lässt sich das **einmalige historische Flair** des Platzes mit seinen zahlreichen Bauten aus der Kolonialzeit genießen. Man schließe einfach die Augen und lausche dem Plätschern des Brunnens sowie dem Rascheln des Windes in den Bougainvilleen.

Eine Auszeit verspricht außerdem ein Besuch in der **Masjid Jamek** ❸

020KI Abb.: ho

(s. die Infos zum Moscheebesuch S. 80). Durchquert man das Tor zur Moschee, scheint auch ein Teil des Alltags zurückzubleiben. Es lohnt sich, einen Augenblick unter den Bäumen im Garten Platz zu nehmen und den anderen Gästen zuzuschauen.

Wer entspannt und geruhsam **Sonne tanken** möchte, begibt sich in den **KLCC Park** hinter den Petronas Twin Towers ⓬. Verlässt man das Einkaufszentrum Suria KLCC (s. S. 32) durch den Ostausgang, eröffnet sich zunächst eine herrliche Sicht auf den **Simfoni Lake** mit seinen **prächtigen Fontänen,** welche abends sogar illuminiert werden. Dahinter erstreckt sich ein **hübscher Park** mit ausgedehnten Rasenflächen, die vor oder nach der Shoppingtour zum Sonnenbad einladen (aber bitte bekleidet!).

EXTRATIPP

Relaxen im Dschungel

Inmitten des Großstadtdschungels von KL hat sich ein Rest des einst hier beheimateten **Regenwaldes** erhalten. Der „Ananashügel" **Bukit Nanas** ⓾ wurde zwar zu großen Teilen mit dem Fernsehturm, dem **Menara KL** ⓫, bebaut, zugleich blieb aber ein bewaldetes Gebiet übrig. Hinter dem Gebäude des **Forest Information Centre** zieht sich dieser Wald den Hügel hinauf. Hier kann man der Hektik der Stadt entfliehen, hier ist sogar der allgegenwärtige Straßenlärm so weit gefiltert, dass man das laute Schnarren der Zikaden ebenso hört wie das leise Summen der Stechmücken, die leider reichlich vorkommen. Bänke laden zum Verweilen ein und wer offenen Auges ist, kann überall Exotisches entdecken.

Zur richtigen Zeit am richtigen Ort

Das multiethnische, multikulturelle und multireligiöse Kuala Lumpur hat in puncto Feierlichkeiten jede Menge Highlights zu bieten – und das durchgängig das ganze Jahr über. Neben zahlreichen religiösen Festen gibt es eine Vielzahl an Festivals und Events der unterschiedlichsten Sparten, die einen Besuch in KL ganzjährig zu einem Erlebnis machen.

Einige der Feste richten sich nach dem in Europa bekannten gregorianischen Kalender und finden an **festen Terminen** statt. Die meisten **religiösen Feiertage** sind hingegen **variabel,** da die Kalendersysteme, auf denen sie beruhen, nicht dem gregorianischen Kalender entsprechen. Dies

gilt für sämtliche islamische Feiertage, aber auch für die meisten Feste, die Buddhisten oder Taoisten (Chinesen) und Hindus (Inder) in Malaysia feiern. Die Feiertage der Muslime (Malaien) sind dabei besonders variabel – sie verschieben sich Jahr für Jahr und können somit praktisch auf jeden Monat des westlichen Kalenders fallen. Sobald ein Feiertag auf einen Samstag oder Sonntag fällt, wird er am darauffolgenden Montag begangen.

Januar bis April

❯ **Maulidur Rasul (Maulid Nabi):** Die muslimische Bevölkerung feiert den Geburtstag des Propheten Mohammed. Der nach dem islamischen Kalender variable Feiertag fällt **2015 und 2016** in den Monat **Januar bzw. Dezember.**

◁ *Einst lebten sie hier frei: ein Nashornvogel im KL Bird Park* ⓱

> **Chinese New Year:** Die chinesischstämmige Bevölkerung feiert den Beginn des neuen Jahres (Daten s. S. 58) etwa zwei Wochen lang mit Löwen- und Drachentänzen, Besuchen bei Verwandten und Freunden, Geldgeschenken in roten Briefumschlägen *(Ang Pow)*, viel Essen und noch mehr Chinaböllern. Den letzten Tag der Feierlichkeiten bildet *Chap Goh Meh* am 15. Tag des ersten Mondmonats. Nach gregorianischem Kalendarium findet das Fest immer **Ende Januar/Anfang Februar** statt.

> **Thaipusam:** Anlässlich dieses Festtages pilgern die Hindus zu den Tempeln der Stadt. Die Prozessionen starten vom Sri Maha Mariamman Temple **6** und führen zu den Batu Caves **23** außerhalb KLs, dem Zentrum der Feier. Hier treffen sich Jahr für Jahr Zehntausende, um der Gottheit Subramaniam (Murugan) zu huldigen. Dabei geraten viele Hindus in Trance und martern sich zur Buße selbst: Sie durchbohren ihre Wangen, Zungen oder Lippen mit Spießen und tragen zentnerschwere Gestelle *(Kavadi)*, die über zahlreiche Haken in Brust und Rücken gehalten werden. Thaipusam fällt im westlichen Kalender auf **Ende Januar/Anfang Februar.**

> **Putrajaya International Hot Air Balloon Fiesta:** Jedes Jahr **im März** starten in Putrajaya **25** zahllose Heißluftballons zu einer großen Fahrt über KL. Weitere Infos unter www.myballoonfiesta.com.

> **Formel-1-Rennen:** Alljährlich Ende **März,** manchmal auch Anfang **April,** geben die Rennwagen während des international beachteten Formel-1-Rennens (s. S. 100) auf dem Sepang International Circuit **26** Gas.

> **Qing Ming:** Das Fest für die Verstorbenen begehen Buddhisten **am 4. oder 5. April.** Sie besuchen die Grabstätten ihrer Vorfahren und reinigen diese.

⌂ *Gleich tanzt der Drache: Festlich gekleidet warten diese jungen Männer auf ihren Einsatz während der Dragon-Dance-Vorstellung an Chinese New Year*

Mai bis August

› **1Malaysia Mega Sale Carnival:** Alljährlich **von Mai bis September** gibt es in den Malls der Stadt zahlreiche günstige Ausverkaufsangebote.
› **Wesak Day (Vesak Day):** Die Buddhisten Malaysias zieht es zum Vollmond im **Mai oder Anfang Juni,** dem Geburtstag Buddhas, in die Tempel. Es finden Lichterprozessionen statt und als Symbol für die Befreiung der Seelen werden Vögel freigelassen.
› **Colours of 1Malaysia (Citrawarna):** Jedes Jahr **Ende Mai** steigt auf dem Dataran Merdeka ❷ eine eintägige, bunte Karnevalsparty, veranstaltet vom Tourismus- und Kulturministerium.
› **Duan Wu Jie (Tuan Wu Chieh):** Das Drachenbootfest feiern die Chinesen **Ende Mai/Anfang Juni.** Dabei ehren sie den Dichter Chu Yuan, der um 278 v. Chr. Selbstmord beging, nachdem man ihn wegen seiner fortschrittlichen Ideen aller Ämter am Hofe des Kaisers enthoben hatte. Er ertränkte sich in einem Fluss. Als die Fischer dies beobachteten, sollen sie vergeblich versucht haben, ihn mit ihren Drachenbooten zu retten. In einigen Teilen Malaysias werden an diesem Tag Drachenbootrennen veranstaltet, in KL werden Klumpen von Klebreis in die Flüsse geworfen.
› **Geburtstag des Königs:** Der Geburtstag des Yang di-Pertuan Agong wird immer am **ersten Samstag im Juni** mit Paraden und Theateraufführungen in der gesamten Stadt gefeiert; in allen Moscheen, Tempeln und Kirchen beten Gläubige für den König.
› **Hari Raya Puasa (Hari Raya Aidilfitri):** Das Fest des Fastenbrechens bildet für die Muslime den Abschluss des Fastenmonats Ramadan (s. Kasten rechts). Es wird nach Herzenslust gegessen, geredet und mit der Verwandtschaft gefeiert. Schließlich muss man Versäumtes aus

▌ Ramadan und ▌ das Leben in KL

*Ramadan, der heilige **Fastenmonat im Islam,** stellt Touristen in KL in der Regel vor keinerlei Einschränkungen. Per Gesetz ist die Religionsfreiheit garantiert und in der Hauptstadt sind die Menschen ausgesprochen liberal.*

*Selbstverständlich zelebrieren die **Malaien** den Ramadan und fasten zwischen Sonnenaufgang und -untergang, doch ist dies für Besucher kaum spürbar. Allenfalls muslimische Restaurants und Geschäfte sind tagsüber geschlossen, um dann abends mit umso mehr Gerichten zu öffnen. In vielen anderen Restaurants gibt es allabendlich große **Ramadan-Buffets** und das **Frühstück** wird auch schon sehr früh (teilweise ab 4.30 Uhr) serviert. In vornehmlich muslimisch geprägten Stadtteilen, z. B. Little India rund um die Jalan TAR [C/D3], eröffnen während des Fastenmonats spätnachmittags spezielle **Ramadan-Märkte mit zahlreichen Essensständen.** In den kommenden beiden Jahren fällt Ramadan auf die folgenden Zeiträume:*
› ***2014:** 29. Juni–29. Juli*
› ***2015:** 18. Juni–18. Juli*

den letzten Wochen nachholen. Nach westlichem Kalender wird das variable Fest **2014 und 2015** im **Juli** gefeiert.
› **Kuala Lumpur Festival:** KL feiert sich den gesamten **Juli** über selbst.
› **31. August:** Der Tag der Unabhängigkeit des Landes, **Hari Merdeka,** wird als Nationalfeiertag begangen. Paraden zie-

Offizielle Feiertage

> 1. Januar: **Hari Tahun Baharu** (Neujahr)
> **Maulidur Rasul/Maulid Nabi** (Geburts-
> tag des Propheten Mohammed; 2015:
> 3. Jan., 2016: 24. Dez.)
> 1. Februar: **Federal Territory Day**
> (Gründungstag des Bundesterritoriums)
> Ende Januar/Anfang Februar: **Thaipu-
> sam** (2015: 3. Feb., 2016: 23. Jan.)
> Januar/Februar: **Chinese New Year**
> (2015: 19. Feb., 2016: 8. Feb.)
> 1. Mai: **Labour Day** (Tag der Arbeit)
> Mai/Juni: **Wesak Day/Vesak Day**
> (2015: 1. Juni, 2016: 21. Mai)
> erster Samstag im Juni: **Hari Keputeraan
> Seri Paduka Baginda Yang di-Pertuan
> Agong** (Geburtstag des Königs, 2014:
> 6. Juni, 2015: 7. Juni)

> **Nuzul Al-Quran** (Mohammeds erste
> Offenbarung; 2014: 15. Juli,
> 2015: 27. Aug.)
> **Hari Raya Puasa/Hari Raya Aidil-
> fitri** (Fest des Fastenbrechens; 2014:
> 28./29. Juli, 2015: 17./18. Juli)
> 31. August: **Hari Merdeka**
> (Nationalfeiertag)
> Oktober/November: **Deepavali**
> (2014: 22. Okt., 2015: 11. Nov.)
> **Awal Muharram/Maal Hijrah**
> (islamisches Neujahrsfest; 2014:
> 25. Okt., 2015: 14. Okt.)
> 16. September: **Malaysia Day**
> **Hari Raya Haji/Hari Raya Aidiladha**
> (Opferfest; 2014: 5./6. Okt.,
> 2015: 23./24. Okt.)
> 25. Dezember: **Christmas**

hen durch die Straßen KLs, im Tun Abdul
Razak Heritage Park gibt es traditionelle
Musik und Tänze, im Stadium Merdeka
ein Fußballturnier.

September bis Dezember

> **Hari Raya Haji (Hari Raya Aidiladha):**
> Das Opferfest ehrt all jene, die die Pilger-
> reise (Hadsch) nach Mekka antreten und
> erinnert an den Propheten Ibrahim (Abra-
> ham), der bereit war, Gott seinen eige-
> nen Sohn zu opfern. Deshalb wird ein Tier
> geschlachtet. Das nach gregorianischem
> Kalender variable Fest findet **2014 und
> 2015** im **Oktober** statt.

> **Deepavali (Diwali):** Im **Oktober/Novem-
> ber** wird das hinduistische Lichterfest
> gefeiert. Überall leuchten Lampen und
> Kerzen, um den Sieg des Guten, symbo-
> lisiert durch das Licht, über das Böse,
> versinnbildlicht durch die Dunkelheit,
> zu zelebrieren. Bunte Ornamente aus
> Blüten, Reis und Gewürzen auf Gehwe-
> gen und in den Einkaufszentren zeigen
> Götterbilder.
> 25. Dezember: Der **Weihnachtsfeiertag**
> für alle Christen Kuala Lumpurs. Doch
> auch Nichtchristen bietet der Tag einen
> perfekten Anlass zum Konsumrausch. In
> den Malls wird reichlich Weihnachtsdeko
> aufgefahren.

Am Puls der Stadt

KURZ & KNAPP

Kuala Lumpur in Zahlen

> Gegründet: 1857
> Einwohner: ca. 1,6 Mio.
  (Metropolregion: ca. 8 Mio.)
> Bevölkerungsdichte:
  ca. 6000 Ew./km²
> Fläche: ca. 245 km²
> Höhe ü. M.: 22 m

Das Antlitz Kuala Lumpurs

Auf den ersten Blick wirkt die Metropolregion Kuala Lumpur recht groß, besonders aus der Luft, vom Flugzeug aus. Dabei ist KL, wie seine Bewohner den Stadtnamen pragmatisch abkürzen, im Vergleich zu anderen asiatischen Hauptstädten eher klein: Auf gerade einmal 245 km² erstreckt sich das Stadtgebiet, das kreuz und quer von Straßen verschiedener Größe durchzogen ist. Damit ist Kuala Lumpur fast genauso groß wie Frankfurt am Main.

◁ *Vorseite: Wolkenkratzer prägen das Stadtbild im Zentrum KLs*

Rundherum und im Stadtgebiet selbst ist neben den Zeugnissen menschlicher Anwesenheit auch **viel Grün** erkennbar, ebenso wie größere Wasserflächen. Ob es sich bei dem Grün um Wald oder Kulturflächen handelt, lässt sich erst identifizieren, wenn man schon einigermaßen niedrig fliegt. Dann kann man sehen, dass es vor allem **Palmölplantagen** sind, denen man auch auf der Zugfahrt zwischen Flughafen und Stadt zuhauf begegnet.

Nachts eröffnet sich beim Landeanflug ein **großes Lichtermeer**, das teils aus beleuchteten Linien, teils aus isolierten Ansammlungen hellerer Flächen besteht. Je nach Stadtgebiet gibt es mehr oder weniger große Wohnbezirke oder Wirtschaftszentren mit **gigantischen Hochhäusern**, die auch nachts in vollem Glanz erstrahlen sollen.

Gut 1,5 Mio. Menschen leben und arbeiten in Kuala Lumpur; sie erwecken auf den Besucher zunächst den Eindruck, als seien sie nahezu **ständig unterwegs**. Und irgendwie stimmt das auch, denn in KL wird **lange gearbeitet** und dann häufig **auswärts gegessen**, weil das preiswerter ist als selbst zu kochen. Das bedeutet aber auch, dass man größere Entfernun-

gen zurückzulegen hat: in Ost-West-Richtung schnell mal 20 km, in Nord-Süd-Richtung sogar bis zu 30 km. Selten bewegen sich die Bewohner dabei auf geraden Linien, sondern auf immer wieder **neu entstehenden mehrspurigen Highways,** die das Straßennetz an die stetig wachsende Bevölkerungszahl anzupassen versuchen – in der **Metropolregion** leben offiziell über 8 Mio. Einwohner. Zu dieser gehört auch die „**Schwesternstadt**" **Petaling Jaya,** die fast nahtlos in das Stadtgebiet von KL übergeht, ferner u. a. Subang Jaya, Shah Alam, Putrajaya ㉕ und Klang.

Da so viele Menschen unterwegs sind und das mit Vorliebe mit dem eigenen Wagen oder Motorrad, ergeben sich zwangsläufig **zeitaufwendige Staus.** Auf besonders stark frequentierten Ein- und Ausfallstraßen hat man neben der eigentlichen Straße zweispurige Wege ausschließlich für Zweiräder gebaut. Zudem sollen spezielle Bus- und Taxispuren den Fahrzeugen auf den **überfüllten Verkehrsadern** ein rascheres Fortkommen ermöglichen, was aber nur teilweise gelingt.

So mancher mag sich wundern, dass in einem **Schwellenland** so viele Menschen Auto fahren, denn die Anschaffung eines Fahrzeugs einer nichtmalaysischen Marke ist wegen hoher Steuern ausgesprochen kostspielig. Zugleich soll daran erinnert werden, dass Malaysia ein **Erdölproduzent** ist, der Benzin noch immer hoch subventioniert, sodass man einen Liter schon für etwa 70 Ct. bekommt. Noch preiswerter ist es, wenn das Auto einen Gastank besitzt, denn eine Gasfüllung, mit der man etwa 200 km weit fahren kann, kostet umgerechnet unter 10 €.

Überall in KL preisen **überdimensionale Werbeplakate** irgendeinen neuen „letzten Schrei" an, vor allem im Bereich der Elektronik. KL setzt deutlich auf die **Kauf- und Konsumbereitschaft** seiner Bewohner und Besucher. Zwischen den Wolkenkratzern großer Unternehmen schlängeln sich die Trassen der **Hochbahn,** mit der man ebenfalls versucht, das Verkehrschaos zu beherrschen. Mehrere Bahnen fahren **vollautomatisiert und ganz ohne Fahrer** durch das Stadtgebiet, zum Teil auch unterirdisch.

☑ *Ballungsraum KL: in der Metropolregion leben rund 8 Mio. Menschen*

West-Malaysia vs. Ost-Malaysia

*KL ist die **Hauptstadt eines geteilten Landes;** das ist zunächst einmal der Geografie geschuldet. Während sich KL im Herzen **West-Malaysias** befindet, also Teil der **Malaiischen Halbinsel** ist, gibt es weitere malaysische Staatsgebiete auf der **Insel Borneo:** Die Bundesstaaten Sarawak und Sabah gehören zu **Ost-Malaysia** und sind etwa zweieinhalb bis dreieinhalb Flugstunden von der Hauptstadt entfernt. Beide Landesteile werden vom Südchinesischen Meer getrennt. Doch die Teilung Malaysias ist auch religiös und politisch spürbar. Schließlich ist Malaysia ein **islamisches Land,** zugleich aber auch ein **multireligiöses.** So hat z. B. das Christentum einen viel höheren Stellenwert in Ost-Malaysia als der Islam, der in West-Malaysia vorherrschend ist. Auch politisch gibt es Unterschiede, denn während die meisten Bundesstaaten in West-Malaysia von **Sultanen** regiert werden, gibt es diese vererbbare Position in Ost-Malaysia nicht: Hier regieren vom Premierminister vorgeschlagene und vom König ernannte Staatsoberhäupter, sogenannte **Yang di-Pertua Negeri** („Sprecher des Staates").*

068ki Abb.: mr

Doch Kuala Lumpur besteht nicht nur aus Glanz und Glitzer. So finden sich **mit rostigem Wellblech gedeckte Hüttenviertel** unmittelbar **neben Luxus-Shoppingmalls.** Besonders deutlich wird dies bei einer Fahrt mit der Hochbahn LRT von Kelana Jaya nach KL Sentral – am stärksten offenbart sich der Kontrast rund um die **Mid Valley Megamall** (s. S. 33).

Kuala Lumpurs Innenstadt ist ebenso gepägt von monumentaler, moderner Architektur wie von Bauwerken, die aus der **Kolonialzeit** erhalten geblieben sind. Überall in der Stadt sind zudem die Gebetsstätten der verschiedenen Religionen Malaysias (s. S. 73) gegenwärtig: Der Besucher stößt vielerorts auf große und kleine **Moscheen,** aus denen der Muezzin zum Gebet ruft, auf prächtige **Hindutempel** mit bunten Portalen und auf **buddhistische Tempel,** aus denen stets der intensive Geruch von Räucherstäbchen strömt. Und auch etliche christliche **Kirchen** finden sich im Stadtgebiet.

Trotz ausgeprägter Besiedelung hat sich Kuala Lumpur einen deutlich sichtbaren „grünen" Charakter erhalten. Es gibt zahllose **Grünanlagen, Parks** und obendrein den „**Stadtdschungel**" Bukit Nanas ❿. Die „grünen Lungen" schaffen auch inmitten der lebhaften Metropole ein erholsames, exotisch-tropisches Ambiente.

Die einzelnen **Stadtviertel KLs,** etwa Little India oder Chinatown, gehen fast nahtlos ineinander über. Auch die Bevölkerung ist hier bunt durchmischt, wenngleich in den hier genannten „klassischen" Vierteln der jeweils namengebende Bevölkerungsanteil unübersehbar präsent ist.

Von den Anfängen bis zur Gegenwart

Die Metropole Kuala Lumpur im Herzen von West-Malaysia ist mit gut 150 Jahren vergleichsweise jung, vor allem, wenn man sie vor dem Hintergrund der langen Entwicklungszeit auf der Malaiischen Halbinsel betrachtet. Obwohl KL also auf eine nur kurze Geschichte zurückblickt, ist sie durchaus spannend und aufschlussreich – und jederzeit untrennbar mit der Geschichte Malaysias verbunden.

Die **Malaiische Halbinsel** umfasst, neben dem Festland Malaysias, Teile von Thailand und Myanmar. Die Lage inmitten der Tropen und klimatische Einflüsse ließen eine **einzigartige Flora und Fauna** entstehen und sorgten zugleich für die Entwicklung reicher **Bodenschätze**. Weder eine Eiszeit noch größere Naturkatastrophen ereigneten sich hier, sodass die Entwicklung des Naturraums ohne Störungen und Verzögerungen voranschreiten konnte. Die **landschaftliche Vielfalt** aus Urwäldern, Bergen, Ebenen und Gewässern war schon immer ein Anziehungspunkt für die Menschen. Hier konnten sie schon vor etlichen Jahrtausenden im Schutz von Höhlen leben und in den Wäldern reichlich Nahrung finden.

Erste Besiedlung

Vermutlich kamen die **ersten Siedler Malaysias** aus dem australisch-melanesischen Raum (z. B. Neuguinea), was Forscher aus der Verwendung bestimmter Werkzeuge ableiten, die in beiden Siedlungsräumen verbreitet waren. Wahrscheinlich wanderten parallel Gruppen aus anderen Gebieten Asiens aus dem Norden auf die Malaiische Halbinsel ein; sie brachten u. a. Anfänge einer **Ackerbaukultur** mit, bei der Feldfrüchte wie Reis eine zentrale Bedeutung hatten.

Diese Urbevölkerung und ihre Nachfahren sind heute unter dem Namen **Orang Asli** („ursprüngliche Menschen") bekannt, einer Sammelbezeichnung für alle indigenen Ethnien Malaysias. Noch heute leben viele Orang Asli v. a. im Taman Negara („Nationalpark") im Bundesstaat Pahang.

Ab 400 v. Chr. besiedelten **Deuteromalaien** aus dem Norden das Land. Sie kannten bereits Eisenwerkzeuge und konnten so einerseits die Ackerflächen roden, andererseits den Boden mit diesen Werkzeugen bearbeiten. Damit hielt die Sesshaftigkeit Einzug.

Später entwickelten sich **Handelsbeziehungen** zu anderen Regionen Asiens, vor allem nach China und Indien. **Arabische Seefahrer** brachten im 14. Jh. den **Islam** in die Region.

Koloniale Machtkämpfe

Ende des 15. Jh. gelangte der Portugiese **Vasco da Gama** (1469–1524) nach gefahrvoller Umschiffung des Kaps der Guten Hoffnung nach Indien. Ziel der Expedition war es, den lukrativen Handel mit Gewürzen und kostbaren Stoffen aus Asien, der bisher unter Indern und Arabern abgewickelt wurde, für die **portugiesische Krone** zu übernehmen. 1511 erkämpfte sich **Afonso de Albuquerque** (1435–1515) den Sieg über Malakka und baute die Stadt zu einem befestigten Handelszentrum Portugals aus.

1641 vertrieben die **Holländer** die Portugiesen aus Malakka. Allerdings währte das Intermezzo nicht sehr lange, denn schnell verloren die Hol-

Von den Anfängen bis zur Gegenwart

länder das Interesse an der Stadt – schließlich war der Handel mit Indonesien ihr wichtigstes Anliegen. Sie ließen ihre Schiffe entweder nur bis zur Insel Penang fahren oder nach Aceh im Norden Sumatras und von hier auf direktem Wege weiter nach Batavia, dem heutigen Jakarta.

1785 begann der **britische Einfluss** in der Region. Die **British East India Company** benötigte einen gut ausgebauten Stützpunkt. So kam es zu Verhandlungen zwischen Francis Light (1740–1794) und dem Sultan von Kedah, an deren Ende Penang 1786 an die Ostindien-Kompanie überging. Etwa zehn Jahre später übernahmen die Engländer Malakka vorübergehend von den Niederländern. 1824 einigte man sich endgültig auf einen Tausch: England erhielt Malakka und übergab den Niederlanden im Gegenzug die Region Bengkulu auf Sumatra. Seit 1819 existierte auch der **britische Stützpunkt Singapur**, den **Thomas Stamford Raffles** (1781–1826) für die britische Krone besetzt hatte. Im Jahr 1826 schlossen sich die Niederlassungen Penang, Singapur, Malakka und Dinding zum **Straits Settlement** zusammen. 1867 wurden sie zur Kronkolonie. Die Briten wollten zunächst nur die Niederlassungen des Straits Settlement verwalten; in die Angelegenheiten der **von Sultanen beherrschten Gebiete auf der Malaiischen Halbinsel** wollte man sich nicht einmischen. Soweit die Theorie – die Praxis sah anders aus. Im Zuge des wachsenden Einflusses der Europäer wollten diese den Warenhandel weiter ausbauen, vor allem mit solchen Gütern, die hohe Preise auf internationalen Märkten erzielten. Neben landwirtschaftlichen Produkten wie **Tee und Gewürzen** besaß das Land reiche Zinnvorkommen.

Zinnsuche, Stadtgründung und Entwicklung KLs

Im Jahr 1857 schickte **Raja Abdullah**, ein malaiischer Führer aus der Sultansfamilie von Selangor, 87 Abenteurer auf den Weg in den Dschungel, um fernab der Küste nach Zinn zu suchen. Ihr Weg führte sie mit Booten den Fluss Klang hinauf ins Landesinnere, dann ging es zu Fuß weiter. Der Weg war mühsam, lag die „Marschgeschwindigkeit" doch nur bei ca. 500 m/Std. Im Gebiet des heutigen Kuala Lumpur entdeckten sie schließlich **reichlich Zinn**. Körbeweise trug man das abgebaute Erz zur Flussmündung, wo sich rasch eine Siedlung entwickelte, die den Namen **Kuala Lumpur** („**schlammige Flussmündung**") erhielt – hier flossen Klang und Gombak zusammen und führten viele Schwebteilchen mit sich, die den schlammigen Charakter des Wassers bewirkten.

Der **Zinnhandel** schuf Missgunst zwischen den Sultanen, denn die Vorkommen waren ungleich verteilt. Andererseits sah die britische Kolonialmacht ein Problem darin, dass Zinn vor allem von **eingewanderten Chinesen** abgebaut wurde. Sie waren in verschiedenen Clan-Gruppen organisiert, die sich untereinander bekriegten und um die Vorherrschaft im Zinnhandel konkurrierten – und ihre Auseinandersetzungen konnten britische Gewinne gefährden. Um eine geordnete Produktion sicherzustellen, bedienten sich die britische Kolonialmacht und die malaiischen Sultane einer kleinen Schicht von Arbeitern, die sich nicht nur in verschiedenen chinesischen Dialekten, sondern auch in anderen Sprachen verständigen konnten. Der jeweilige Clanführer erhielt den Titel „**Kapitan Cina**".

Von den Anfängen bis zur Gegenwart

In die Geschichte eingegangen ist **Yap Ah Loy** (1837–1885), ein chinesischer Minenarbeiter, der als 19-Jähriger im Jahr 1856 nach Selangor gelangte und dort unter schwierigsten Verhältnissen arbeitete. Er gilt bis heute als **Stadtgründer Kuala Lumpurs.**

1862 war Liu, ein Freund Yap Ah Loys, *Kapitan* von Kuala Lumpur und Yap wurde sein Ratgeber. Als Liu 1869 starb, ging der Titel an Yap über. Damit begann für den Chinesen ein ebenso mühsamer wie erfolgreicher Weg: Erstens musste er sich um den Erhalt und den Aufbau Kuala Lumpurs kümmern, das stets am Abgrund von Bandenkriegen stand, und zweitens musste er versuchen, die permanente Gefahr von Krankheiten, Seuchen und Bränden zu bannen. 1870 kam es zu einem **Bürgerkrieg in Selangor,** ausgefochten zwischen verschiedenen Banden, die um die Vorherrschaft in den Zinnminen kämpften. Der Zinnabbau kam dabei nahezu vollständig zum Erliegen. 1873 konnte Yap einen Sieg erringen und galt seitdem als unangefochtener Regent. Er verhalf Kuala Lumpur zum **Aufschwung** – die Stadt entwickelte sich zur wirtschaftlich stärksten Stadt der Region. Er förderte den Opiumanbau und -handel, das Glücksspiel, allerlei illegale Geschäfte und die Wucherei. Yap selbst erlangte erheblichen Wohlstand.

Wachsender britischer Einfluss

Basierend auf dem **Vertrag von Pangkor** von 1874 stellten die Briten den Sultanen sogenannte Berater *(Residents)* zur Seite, die in Form von indirekter Herrschaft britische Interessen vertraten. Im **Sultanat Selangor** fungierte Frank Swettenham (1850–

1946) ab 1882 als ein solcher Berater. Er residierte zunächst in der Hauptstadt Klang. Als Kuala Lumpur 1880 Klang als Hauptstadt ablöste, kam Swettenham dorthin.

Eine Katastrophe bahnte sich bereits ein Jahr später an, als eine **Überschwemmung** die Stadt heimsuchte, gefolgt von **Bränden,** die die vor allem aus Holz und Atap (Material aus Palmwedeln) gebauten Häuser fast vollständig vernichteten. Swettenham ordnete an, die Stadt wieder aufzubauen, diesmal mit Ziegelhäusern. *Kapitan* Yap witterte eine weitere Chance: Er kaufte ein Stück Land, ließ eine **Ziegelei** errichten und begann mit dem Aufbau der Steinhäuser. Der Ort, an dem die Ziegelei einst stand, ist das heutige **Brickfields** [A7].

Da der Wiederaufbau von Yap initiiert und von seinen chinesischen Arbeitern ausgeführt wurde, sind viele Gebäude aus dieser Zeit architektonisch an **chinesische Baustile** angelehnt. Yap gab viel Geld aus, um neue Straßen zu bauen, die die Minen mit der Stadt verbanden. All diese Erfolge erhöhten seine Macht: Er besaß z. B. das Recht, Steuern zu erheben und einzutreiben. Außerdem baute er eine eigene Polizei auf und errichtete ein Gefängnis für bis zu 60 Insassen. Ihm oblag zudem ein Teil der Gesetzgebung. 1884 bekam er eine schwere Lungenentzündung, von der er sich 1885 erholte. Allerdings verstarb er nur wenige Wochen später unter mysteriösen Umständen.

Die Briten gründeten 1895 den Staatenbund der **Federated Malay States,** deren Hauptstadt Kuala Lumpur wurde. Im gleichen Jahr entstand die erste **Eisenbahnverbindung nach Port Klang,** dem noch heute wichtigsten Hafen Malaysias. Im malaiischen

Von den Anfängen bis zur Gegenwart

Kautschuk

Der Kautschukbaum *(hevea brasiliensis)* stammt ursprünglich **aus Südamerika** und diente dort schon lange der Latexherstellung. 1839 gelang es dem US-Amerikaner Charles Goodyear, das Rohgummi durch Zusatz von Schwefel zu vulkanisieren, sodass es fortan zur großindustriellen Verwendung nutzbar war. Dumm nur, dass **Spanier und Portugiesen** als Kolonialmächte in Südamerika das **Monopol** besaßen und eifersüchtig bewachten. 1877 gelang es dem britischen Abenteurer Henry Wickham, ein paar Kautschuksamen nach London zu schmuggeln. Wissenschaftler ließen sie keimen und verschifften die Setzlinge nach **Singapur**. Rasch gelangten die Pflanzen ins heutige **Malaysia**, wo große Kautschukbaum-Plantagen angelegt wurden. Das Monopol in Südamerika war gebrochen und die **Briten** übernahmen die Marktherrschaft.

Vom Zweiten Weltkrieg bis zur Unabhängigkeit

1942 besetzten **japanische Truppen** die Halbinsel Malaysia und somit auch Kuala Lumpur. Da die Japaner das Land stark ausbeuteten, bildete sich bald eine **Widerstandsbewegung**, die sich um kommunistische Rädelsführer gruppierte und als **Guerilla im Dschungel** gegen die Japaner kämpfte. Als der Zweite Weltkrieg 1945 endete und die Briten erneut die Macht übernahmen, gingen Teile dieser Guerillaeinheiten in den Untergrund – sie setzten sich für ein freies Malaysia ein.

Nach dem Krieg etablierten sich verschiedene **Parteien entlang ethnischer Trennlinien**; bereits 1946 gründeten die Malaien die heute größte Partei des Landes, die UMNO (United Malays National Organisation). Auch die Chinesen und Inder im Land riefen eigene Parteien ins Leben.

Am 1. April 1946 gründeten die **Briten** die **Malaiische Union**, nachdem sie den Sultanen ihre Zustimmung abgenötigt hatten. Gouverneur wurde Sir Edward Gent; Hauptstadt Kuala Lumpur. Die Union war den Malaien, allen voran der UMNO, ein Dorn im Auge, denn die Briten setzten ein **Einbürgerungsrecht** durch, das auch nicht ethnischen Malaien erlaubte, Bürger der Union zu werden. Voraussetzung war lediglich, dass man in einem der Staaten der Straits Settlements geboren war, dort einige Jahre gelebt hatte und Englisch oder malaiisch beherrschte. Vor allem **ethnische Chinesen** erhielten auf diese Weise die Staatsbürgerschaft und viele Malaien befürchteten, die Chinesen würden ihre ökonomischen Ziele gegen die der Malaien durchzusetzen versuchen.

Staatenbund konnten die Interessen der herrschenden malaiischen Sultane gedeihen – sie standen jedoch immer hinter denen der Kolonialmacht England. Neben dem Boom der Zinnindustrie kam ab den 1880er-Jahren ein weiterer Wirtschaftsfaktor hinzu: der **Kautschukhandel** (s. Kasten oben). Sowohl in der Zinnindustrie als auch auf den Kautschukplantagen wurden für die harte Arbeit ständig **billige Arbeitskräfte** benötigt. Während in den Zinnminen vor allem chinesische Arbeiter eingesetzt wurden, arbeiteten auf den Kautschuk- und Teeplantagen im Hochland vor allem **Menschen vom indischen Subkontinent**. Viele von ihnen kamen freiwillig, andere als Zwangsarbeiter aus den britischen Kolonien in Indien und Ceylon (dem heutigen Sri Lanka). Die meisten waren ethnische **Tamilen**.

Die vor den Japanern in den Dschungel geflohenen Gruppierungen, darunter Malaiien und Chinesen, wünschten sich hingegen eine eigene, unabhängige Republik, einige favorisierten sogar eine kommunistische. Ab 1947 kam es verstärkt zu **Angriffen der Kommunisten**, da ihren Forderungen kein Raum gegeben wurde.

Am 1. April 1948 wurde die **Föderation Malaya** gegründet, die den Sultanen ihre Rechte beließ. Die Guerillaangriffe verstärkten sich derart, dass noch im gleichen Jahr der Notstand ausgerufen wurde, der bis zum 31. Juli 1960 bestand. Die verschiedenen Parteien organisierten sich immer stärker, um ein politisches Gegengewicht zum keimenden Kommunismus zu etablieren und sich gegen die britische Kolonialmacht zur Wehr zu setzen.

Als **Führer der UMNO** fungierte der Sohn des Sultans von Kedah, **Tunku Abdul Rahman** (1903–1990). Er vereinigte die UMNO 1952 mit der Partei MCA (Malaysian Chinese Association) und 1954 mit der Partei MIC (Malaysian Indian Congress) zur **Alliance Party** (Parti Perikatan), dem Vorläufer der heutigen Barisan Nasional („Nationale Front"). Die Allianz hatte damit deutlich mehr Macht als die Einzelparteien. Sie war nicht nur **antikommunistisch**, sondern auch **antikolonialistisch**. Tunku Abdul Rahmans Strategie war es, Verhandlungen mit den Briten zu führen, dabei eine Verfassung und den Entwurf eines politischen Systems vorzulegen und so die Unabhängigkeit zu erlangen.

Sein Traum wurde am 31. August 1957 Realität: Mehrfach „Merdeka" („Unabhängigkeit") ausrufend, verkündete er auf dem heutigen Platz Dataran Merdeka ❷ in Kuala Lumpur die **Unabhängigkeit des Landes**. Abdul Rahman wurde zum ersten **Ministerpräsidenten** des damaligen Malaya, **Kuala Lumpur** seine **Hauptstadt**. Allerdings kehrte für die Regierung in KL keine Ruhe ein.

◿ *Auf dem Dataran Merdeka* ❷
*sind die Porträts der Premierminister
der jungen Nation ausgestellt*

Territoriale und ethnische Konflikte

1959 wollte sich **Singapur** Malaya anschließen, um ebenfalls dem britischen Einfluss zu entfliehen. Abdul Rahman war dies recht. Andererseits befürchtete man in KL, die über eine Million Singapur-Chinesen könnten nun zusammen mit den Chinesen Malayas die Vormacht der ethnischen Malaien im Staat brechen. Daher suchte man Bundesgenossen und fand sie in Sarawak und Britisch-Nordborneo (heute Sabah), den britischen Protektoraten auf der Insel Borneo. Dies wiederum gefiel den Philippinen nicht, die sich alte Rechte auf Sabah erträumten, das einst dem Reich des Sultans von Sulu angehörte. Und in Indonesien hegte Präsident Sukarno den Traum einer riesigen Nation unter Einschluss von Malaya und Brunei.

Die politischen Machthaber in KL ließen sich jedoch nicht beirren und gründeten am 16. September 1963 den **Staat Malaysia**, der in West-Malaysia (das ehemalige Malaya und Singapur) und Ost-Malaysia (Sarawak und Sabah) geteilt war. Sofort begann der **bewaffnete Kampf indonesischer Truppen** gegen den neuen Staat, vor allem auf Borneo. Er endete erst 1966, als Sukarno gestürzt werden konnte.

Nachdem sich die Beziehungen stetig verschlechtert hatten, u. a. aufgrund von ethnischen Unruhen zwischen Malaien und Chinesen, löste sich **Singapur** 1965 aus dem Bündnis und wurde **unabhängig.**

Am 13. Mai 1969 kam es auch in **Kuala Lumpur** zu **blutigen Aufständen** mit Hunderten von Toten – Grund waren ebenfalls **Spannungen zwischen Malaien und Chinesen.** Den Chinesen, im Staat in der Minderheit, wurde ein Übermaß an ökonomischem Einfluss nachgesagt; die Malaien, die die Bevölkerungsmehrheit bildeten, sahen sich benachteiligt. Dennoch gelang es der Regierung, die Gemüter wieder zu beruhigen und ein gemeinsames Miteinander zu gewährleisten. Zunächst löste der König das Parlament auf und der Premierminister **Tunku Abdul Rahman** (1903–1990) trat zurück. Sein Amt ging an **Tun Abdul Razak** (1922–1976) über. Diese begann noch im selben Jahr mit der Einführung der **New Economic Policy (NEP)**, die den *Bumiputra* („Sohn der Erde"), also Malaien und indigenen Volksgruppen wie Orang Asli, deutlich mehr Einfluss in der Geschäftswelt garantierte als etwa Chinesen und Indern. Es wurden u. a. Quoten für Unternehmen und Universitäten eingeführt und Bumiputra wurden auch beim Haus- oder Autokauf bevorzugt. Die **Bumiputra-Politik** gilt bis heute und wird nach wie vor kontrovers diskutiert.

Mahatirs Wachstumsvision und die Gegenwart

1974 wurde Kuala Lumpur aus Selangor ausgegliedert und ist seither Bundesterritorium. 1981 ebnete die Wahl **Mahatir bin Mohamads** zum Ministerpräsidenten eine neue Weichenstellung für das Land. Dr. Ms Vision war es, Malaysia bis 2020 in ein vollständig industrialisiertes Land zu verwandeln – auf Malaiisch nannte er sein Projekt „**Wawasan 2020**". Es führte zu einem wirtschaftlichen Boom und vielen Investitionen: In

▷ *Staatskarosse Rolls-Royce (vorn) und ein erstes Modell des Proton Saga*

der Folge wurde gerodet und gebaut, Kraftwerke wurden errichtet und eine eigene Automarke (Proton) etabliert. Die Hauptstadt KL wuchs enorm, sodass sie sich von 93 auf 245 km² ausdehnte. Ganz im Sinne dieser Vision entstand 1995 vor den Toren KLs die Planstadt **Putrajaya** ㉕, der neue Regierungs- und Verwaltungssitz Malaysias. 1999 wurde **Cyberjaya** gegründet, eine Vorstadt, die vor allem die IT-Branche anziehen sollte. Außerdem kamen der **Formel-1-Kurs in Sepang** (Sepang International Circuit ㉖), der **Flughafen KLIA** (s. S. 104) und die am 31. August 1999 eröffneten **Petronas Twin Towers** ⑫ hinzu.

1998 kam es zu einem Machtkampf innerhalb der UMNO-Partei, bei dem **Anwar Ibrahim**, langjähriger Protegé Mahatirs, dessen Gunst verlor und, statt seine Nachfolge anzutreten, wegen angeblicher Korruption ins Gefängnis wanderte – später wurde Anwar in einem offenbar politisch motivierten Prozess auch wegen Homosexualität verurteilt.

Nach 22 Jahren im Amt zog sich Mahatir 2003 aus der aktiven Politik zurück und überließ **Abdullah Ahmad Badawi** seinen Posten. Dieser bemühte sich um einen Ausgleich zwischen islamischen und westlich orientierten Kräften, setzte auf eine Antikorruptions- und Sparpolitik und versuchte, staatliche Subventionen abzubauen, v. a. beim Treibstoff, was ihn sehr unbeliebt machte.

Auch **internationale Wirtschaftskrisen** trafen Malaysia, konnten dem Land aber nur wenig anhaben. Der Aufschwung schreitet nach wie vor voran, wenn auch langsamer. Im Laufe der Jahre führten aber u. a. die Reaktionen auf diese Krisen zu einem **Vertrauensverlust** gegenüber Badawi, dessen Regierungskoalition Barisan Nasional bei den Wahlen 2008 erheblich an Stimmen verlor. Zudem war **Anwar Ibrahim als Oppositionsführer** des neu gegründeten Bündnisses Pakatan Rakyat („Volksallianz") wieder auf der politischen Bühne erschienen. Obwohl die Opposition an Macht gewann, blieb das Barisan-

Bündnis führend. Bei der Wahl 2013 setzte sich dieser Trend fort, als die Barisan Nasional zwar erneut Einbußen erlebte, aber dennoch mit absoluter Mehrheit regieren konnte, seit 2009 unter dem amtierenden Premierminister **Najib Razak.**

2014 sollte das große „Visit Malaysia Year" werden, doch wird es von einer **Tragödie internationaler Tragweite** überschattet. Die Maschine des **Malaysia-Airlines-Flugs MH370** kam aus noch ungeklärten Gründen am 8. März 2014 auf dem Weg von KL nach Peking vom Kurs ab und verschwand spurlos. An Bord befanden sich neben der 12-köpfigen Besatzung auch 227 Passagiere, vor allem aus China. Nach Vermutungen, die Maschine sei entführt worden, geht man derzeit von einem Absturz im Indischen Ozean südwestlich von Australien aus. Bis zur Drucklegung dieses Buches gab es noch keine genaueren Erkenntnisse zu dem mysteriösen, in der Geschichte der modernen Luftfahrt einzigartigen Fall.

Leben in der Stadt

Kuala Lumpur heißt wörtlich „schlammige Flussmündung" – was für ein Name für eine Hauptstadt! Ihrem ungewöhnlichen, fast schon provinziell klingenden Namen zum Trotz ist KL eine fortschrittliche Großstadt, die nicht nur eine Vielzahl an modernen Bauten besitzt, sondern auch vieles aus ihrer vergleichsweise jungen Geschichte restauriert und bewahrt hat. Kuala Lumpur bietet seinen Bewohnern und Besuchern ein faszinierendes, pulsierendes Stadtleben und ein Flair, das seinesgleichen sucht.

An der **Mündung der Flüsse Klang und Gombak** erinnert wenig an die Zeit der ersten Besiedelung Kuala Lumpurs im Jahr 1857. Das Flussbett ist heute betoniert und begradigt, wenngleich der Schlamm, welcher der Siedlung einst ihren Namen gab, nach wie vor sichtbar ist. Er hat sich jedoch seitdem verändert: Vermutlich waren es früher Sedimente, die mit dem Regen angespült wurden und den Schlamm bildeten – heute sind es leider unübersehbare Mengen an Unrat, die das Wasser schlammig aussehen lassen.

Standen hier einst die **Baumgiganten des Regenwalds**, so recken sich heute die **Giganten der Moderne** aus Glas, Aluminium und Beton in den Himmel. Kaum vorstellbar, wenn man die Kürze der Zeit betrachtet – schließlich kamen die ersten Siedler erst vor rund 150 Jahren. Am Anfang standen hier nur einfache Holzhütten. Bis in die 1970er-Jahre waren die meisten Häuser lediglich zwei- oder dreigeschossig. Noch Anfang der 1980er-Jahre war KL, verglichen mit anderen Hauptstädten, eher **klein und bescheiden.** Langsam hielten die ersten Wolkenkratzer Einzug. Das größte Bauwerk war 1983 der Maybank Tower (s. Maybank Numismatic Museum, S. 52). Es gab einen vergleichsweise überschaubaren Flughafen und das Leben gestaltete sich eher **provinziell.**

Kommt man heute am Flughafen an, so steht man in einem hypermodernen Bauwerk, das anderen in der Region durchaus das Wasser reichen kann. Den Maybank Tower kann man in der Stadt allerdings kaum noch entdecken. Nicht etwa weil er bereits abgerissen wurde, sondern weil er in der Vielzahl der Hochhäuser einfach nicht mehr hervorsticht. Die **rasante Stadtentwicklung** vollzog sich vor allem ab den 1990er-Jahren und

geht auf die ehrgeizige „Vision 2020"
(s. S. 73) zurück, an der nach wie
vor gebastelt wird.

Auf den ersten Blick fällt auf, dass
sich KL bei seiner Entwicklung zumindest teilweise **an Singapur orientiert** hat. Das verdeutlicht nicht nur
die **Skyline.** Es gilt ebenso für die vielen **Shoppingmalls** (s. Liste S. 31),
die sich, ähnlich wie in Singapur, zunächst auf das Zentrum konzentrier-
ten, später aber zunehmend in anderen Bereichen der Stadt entstanden.

Zu den **unübersehbaren Monu-
mentalprojekten** gehören vor allem
der Fernsehturm Menara KL ⓫ und
die Petronas Twin Towers ⓬. Letztere galten mit einer Höhe von 452 m
bis vor wenigen Jahren als höchste
Gebäude der Welt. Ihre eindrucksvolle Konstruktion als **Zwillingstürme**
machte sie zu einem berühmten Symbol für den Fortschritt des Landes, ge-
fördert u. a. durch das **nationale Öl-
unternehmen Petronas**, das hier seinen Hauptsitz hat.

Aller Bekanntheit zum Trotz sorgt
der Name Kuala Lumpur bei vielen
Europäern noch immer für eher un-
wissende Mienen, ganz im Gegensatz zu den beliebten Hauptstädten
der Nachbarstaaten Bangkok und
Singapur. Ein Grund mehr für die Ver-
antwortlichen, die Stadt stetig weiter zu entwickeln und sie durch ge-
zielte Werbeaktionen prominenter
zu machen. Dazu zählt das bewusst
vermarktete **Image als Einkaufsparadies**, das vor allem bei Besuchern
aus dem Nahen und Mittleren Osten
Anklang findet.

Neben den erwähnten neuen Bauwerken gehören dazu auch ehrgei-
ge Projekte zur **Erhaltung alter Bau-
substanz aus der Kolonialzeit**, die
der Stadt ihr unverwechselbares **historisches Flair** verleiht. Schlendert
man etwa durch die Straßen von Chi-

*⌂ Fliegende Händler mit ihren
Snacks findet man in KL allerorten*

natown oder Little India, erlebt man geschäftiges Leben auf Gehwegen und in kleinen Läden – fast wirkt es so, als sei die Zeit stehen geblieben. Überall gibt es **fliegende Händler**, die den Reisenden Getränke und Snacks anbieten – ganz so, als lebe man noch in der kleinen Stadt von vor 30 oder 40 Jahren.

Dass Kuala Lumpur Hauptstadt und gewissermaßen auch „**Aushängeschild" Malaysias** ist, erkennt man außerdem an etlichen **Infrastrukturprojekten** wie z. B. dem Bau der vollautomatisierten U- und Hochbahnlinien oder der kontinuierlichen Erweiterung des Straßennetzes.

KL ist auch eine **multikulturelle Stadt,** denn neben den einheimischen Ethnien – den **Malaien, Chinesen und Indern** – leben hier viele Pakistaner, Inder (aus Indien), Araber, Europäer, Amerikaner und Menschen vieler anderer Nationen. In den letzten Jahren kamen zunehmend **Einwanderer aus Nepal, Myanmar und den Philippinen** nach Malaysia, vorwiegend um in der Gastronomie und in Hotels zu arbeiten, denn viele Einheimische suchen vermeintlich bessere Jobs, haben sie doch eine sehr gute Ausbildung genossen.

KL ist eine reiche Stadt, wenn auch nicht für alle. Die **Kontraste** sind **allgegenwärtig:** Da stehen Hochhäuser fast unmittelbar neben den Resten des Dschungels. Da schlafen in Chinatown allabendlich Menschen unter den Arkaden auf ihren Pappen, während man wenige Schritte entfernt nur als VIP Zugang zu den Lounges erhält. Hier schlemmt man kostspielige, exquisite Speisen aus aller Welt, ganz in der Nähe hackt der Koch in einer Garküche unter freiem Himmel Gemüse und Fleisch klein – dort kostet eine Mahlzeit nur wenige Ringgit.

Man kauft in Luxusmalls teuer ein und direkt daneben leben Menschen in Hütten mit rostigen Wellblechdächern. Wenngleich diese urbanen *kampung* („Dörfer") keineswegs Slums sind, sind sie den Stadtplanern ein Dorn im Auge, wollen sie das Land doch lieber für prestigereiche Bauprojekte nutzen.

Ökologisch hat Kuala Lumpur noch eine ganze Menge aufzuholen. Der sich teils quälend langsam durch die Stadt bewegende Verkehr sorgt für eine **hohe Abgasbelastung.** Öffentliche Busse blasen schwarze Rauchwolken heraus, die Fußgängern das Atmen erschweren. Die Luftverschmutzung wird auch dadurch begünstigt, dass nahe Gebirgszüge einen Austausch der Luftmassen verhindern und der **Haze** („Dunst") genannte Smog tagelang über der Stadt hängt – selbst die majestätischen Petronas Twin Towers **12** verschwinden dann in der Dunstglocke, die v. a. durch **Brandrodung** auf der Nachbarinsel Sumatra entsteht. Hinzu kommen **große Abfallmengen,** u. a. durch die Omnipräsenz von Plastiktüten und anderen Einwegverpackungen, die häufig gedankenlos weggeworfen werden.

KL zwischen islamischer Kultur und westlicher Orientierung

Seitdem das MH370-Flugzeug von Malaysia Airlines im Frühjahr 2014 spurlos verschwand, ist Malaysia – ein Land, über das in Europa sonst wenig bekannt ist – in die internationalen Schlagzeilen geraten. Doch wie gestaltet sich eigentlich das Leben in Malaysias Hauptstadt KL?

KL zwischen islamischer Kultur und westlicher Orientierung

Kuala Lumpur liegt in West-Malaysia und ist die Hauptstadt eines Landes, dessen **Staatsreligion der Islam** ist. Entsprechend ist das Leben in KL durchaus vom Islam geprägt, doch anders als etwa in den Ländern auf der arabischen Halbinsel wird die Religion hier weniger konservativ gelebt. Wie kommt das? Wir schauen einmal hinter die Kulissen: In Kuala Lumpur sind die **Ethnien** etwas anders verteilt als im Rest des Landes. Rund 44 % der Stadtbevölkerung sind **Malaien**, die eigentlich in ganz West-Malaysia mit über 60 % die Bevölkerungsmehrheit stellen. Die **Chinesen** sind mit 43 % fast gleichauf, hinzu kommen rund 10 % **Inder**. In KL leben auch zahlreiche Ausländer: Europäer, Araber, Indonesier usw.

Und so verteilen sich auch die **Religionen** anders, als man in einem islamischen Land zunächst vermutet: In Kuala Lumpur leben rund 46 % **Muslime** – fast ausnahmslos ethnische Malaien, dazu eine kleine Minderheit muslimischer Inder. Fast 36 % der Bewohner KLs sind **Buddhisten** – sie sind mehrheitlich ethnische Chinesen. Etwa 8,5 % sind **Hindus** – die meisten von ihnen sind ethnische Inder. Hinzu kommen rund 6 % **Christen** – häufig ethnische Chinesen oder Inder – sowie verschiedene andere Religionen wie Taoismus etc.

Die Vielfalt der Ethnien und Religionen spiegelt sich etwa im **Kleidungsstil** der Bewohner. Während eine junge Chinesin in knappen Shorts unterwegs ist, steht unmittelbar daneben eine gleichaltrige Malaiin mit langem Gewand *(baju kurung)* und Kopftuch *(tudung)*. Ein paar Schritte weiter begegnet man einer Inderin im Sari, die sich mit einer westlich gekleideten Malaiin ohne Kopftuch unterhält. Natürlich ist dies abhängig vom Stadt-

teil, in dem man sich gerade befindet – so sind z. B. die Bewohner in Little India eher traditionell gekleidet als in Chinatown. Spätestens in den Einkaufszentren treffen dann sämtliche Kontraste aufeinander.

Mit seinen riesigen Malls und vielen Prestigebauten ist KL das Aushängeschild eines Landes, das es sich zum Ziel gesetzt hat, bis 2020 ein vollindustrialisierter Staat zu sein – „**Wawasan 2020**" („**Vision 2020**") lautet das Projekt, das der frühere Premierminister Mahatir Anfang der 1990er-Jahre aus der Taufe hob. Man setzte auf den Aufbau eigener Industriezweige und Hochtechnologien, die Förderung des Tourismus, die Zusammenarbeit mit den globalen Märkten sowie die **Ansiedelung internationaler Unternehmen** – so haben z. B. Citibank, Shell, IBM, Nokia und Hewlett-Packard ihren Sitz in KL. Internationaler wird auch die Bevölkerung KLs, die zudem einen **hohen Bildungsstandard** besitzt.

Wer KL als Tourist erkundet, wird schnell merken, dass man sich recht **freizügig** bewegen kann und die Bevölkerung sehr **liberal** eingestellt ist. Es gilt zwar nach wie vor als unschicklich, wenn sich Mann und Frau in der Öffentlichkeit küssen, aber händchenhaltend oder Arm in Arm unterwegs zu sein, ist kein Problem. Dies gilt aber nur für Hetero-Paare, denn Homosexualität (s. S. 121) steht im islamischen Malaysia unter Strafe! Auch **Alkohol** ist nahezu überall erhältlich, wenngleich er sehr teuer ist. Wird in Malaysia der **Ramadan** (s. S. 57) begangen, müssen Angehörige anderer Religionen nicht darben: Die Restaurants haben geöffnet; man kann problemlos tagsüber essen, trinken und rauchen. Doch so liberal KL auf den ersten Blick er-

KL zwischen islamischer Kultur und westlicher Orientierung

scheinen mag, für Muslime in Malaysia gelten auch einige besondere Regeln, die durchaus zu Spannungen zwischen den Bevölkerungsgruppen sorgen. Malaien sind qua Verfassung **von Geburt an Muslime** und haben keine Option, ihre Religion zu wechseln. Dies zeigt z. B. der **Fall Lina Joy:** Sie wurde 1964 als Muslimin geboren und konvertierte 1998 zum Christentum. Allerdings scheiterte sie 2007 vor dem höchsten Gericht mit ihrer Klage auf offizielle Anerkennung als Christin. Denn als Muslimin bleibt ihr der Wunsch, einen Menschen anderer Religion zu heiraten, verwehrt.

Gleichzeitig genießen Malaien viele Privilegien, denn sie zählen – ebenso wie indigene Bevölkerungsgruppen – zu den **Bumiputras,** was so viel wie „Sohn der Erde" bedeutet. Damit werden Malaien gegenüber Chinesen und Indern begünstigt – das wiederum stört viele Chinesen und Inder, die als malaysische Staatsbürger selbst bereits in der dritten oder vierten Generation im Land leben. Die Bumiputra-Bevorzugung hat sich in der **New Economic Policy** (s. S. 68) manifestiert, die die Verteilung von Besitztümern und Macht konkret in Form von Quoten regelt.

Seit Jahren bemühen sich **konservative islamische Gruppierungen** um eine deutlichere Abgrenzung gegenüber anderen Religionen im Land und de facto um eine Einschränkung der verfassungsmäßig garantierten **Religionsfreiheit.** Deutlich wird dies etwa an dem 2013 offiziell erlassenen Verbot für Nichtmuslime, das Wort Allah in Gottesdiensten oder religiösen Schriften in malaiischer Sprache zu verwenden.

Trotz Reibungspunkten zwischen den Ethnien basiert das Zusammenleben der Bevölkerungsgruppen aber grundsätzlich auf **Toleranz.** Dies zeigt sich besonders bei den **Feiertagen** (s. S. 58). Typisch für das Leben in der Hauptstadt ist die **Tradition des „Open House",** die sich vor allem während der großen Feste wie Hari Raya Aidilfitri, Chinese New Year und Deepavali beobachten lässt: Alle Menschen, die ihre Glück- und Segenswünsche überbringen, sind automatisch zum Familienfest eingeladen, gleichgültig welcher Religion sie angehören. „Open House" wird auch von großen Unternehmen und Behörden zelebriert. So bastelt das Land weiter an seiner Vision eines liberalen und harmonischen „1 Malaysia".

Kuala Lumpur
entdecken

005ki Abb.: ho

Historisches Zentrum

Hier findet man die Gebäude des ursprünglichen KL, hier lebt noch ein wenig der Charme der Kolonialzeit, hier lässt sich eine spannende Zeitreise in das historische Erbe der Stadt unternehmen.

❶ Stesen Keretapi KL (KL Railway Station) ★★★ [C6]

Der einstige große Hauptbahnhof der Stadt gilt mit seinen Kuppeln, Türmen und zahlreichen kleinen wie großen Fenstern bis heute als Highlight der kolonialen Architektur.

Kurz vor Ende des 19. Jh. von dem britischen Architekten Arthur Benison Hubback (1871–1948) entworfen, dauerte es noch bis 1911, bis das damals sehr moderne **Aushängeschild Kuala Lumpurs** fertiggestellt war. Hier hat man mit viel Liebe zum Detail versucht, die islamische Tradition mit architektonischen Einflüssen aus Nordindien und Europa zu vereinen und so ein Bauwerk zu schaffen, das jedem ankommenden Gast, gleichgültig ob Handelsreisender, Abenteurer oder Staatsgast, einen möglichst imposanten ersten Eindruck der Stadt verschaffte. Dies ist damals sicher gelungen und auch heute noch zieht das helle Gebäude mit seinen vielen **Kuppeln und Türmen**, die fast an eine Moschee erinnern, bewundernde Blicke auf sich.

Nachdem ein Großteil des Bahnverkehrs 2001 auf den **neuen Hauptbahnhof KL Sentral** (s. S. 106) verlagert worden war, verlor das schöne, alte Bauwerk an Bedeutung, wenn-

◁ *Vorseite: Straßenhändlerin mit den stachligen Durians (s. S. 38)*

gleich der Luxusreisezug **Eastern & Oriental Express** (s. S. 106) seine Fahrgäste weiterhin hier ein- und aussteigen lässt. Außerdem nutzen einige Vorortzüge von **KTM Komuter** (s. S. 128) die Bahnsteige für einen innerstädtischen Halt. Sehenswert ist der Bahnhof nicht nur von außen, ein Blick in die Bahnhofshalle und auf die Bahnsteige lohnt sich durchaus.

❯ LRT: KL Sentral, Pasar Seni; KTM Komuter: Kuala Lumpur
❯ Jl. Sultan Hishamuddin/Jl. Kinabalu

❷ Dataran Merdeka (Merdeka Square) ★★★ [C4]

Unübersehbar weht die Fahne der vergleichsweise jungen Nation über dem großen, imposanten Platz. An diesem zentralen Ort wird der Spagat zwischen kolonialem Erbe und nationalem Stolz sichtbar.

Einst trafen sich im **Royal Selangor Club (Kelab Diraya Selangor)** im Westen des Platzes die englischen Großgrundbesitzer, Politiker und alle anderen, die im britischen Malaya etwas zu sagen hatten. Das Gebäude aus der Tudor-Zeit, das ursprünglich 1884 erbaut und 1910 erweitert wurde, war damit gesellschaftlicher Mittelpunkt des kolonialen Lebens der Briten. Herrlich kontrastiert sein rotes Dach mit der **schwarz-weißen Fassade**. Auf dem großen Platz vor dem Gebäude spielte man zu Übungszwecken und bei großen Turnieren **Kricket**, auf der Terrasse gab es Tee sowie Gin and tonic – alles typisch britisch.

Und heute? Auf dem Dataran Merdeka weht an einem 100 m hohen Mast die **malaysische Flagge** und kündet so weithin sichtbar vom Stolz der Nation. Nach wie vor wird hier Kricket gespielt. Im Royal Se-

langor Club trifft sich heute die **malaysische Oberschicht** zum Tee und, je nach Glauben, auch zum Gin and tonic. Wenig hat sich hier verändert. Und genau das macht den Reiz des Platzes aus, der die Verbindung der beiden Welten so eindrucksvoll darstellt. Aus der britischen Kolonialzeit stammen nämlich auch viele weitere Gebäude, die rund um den Platz angeordnet sind.

Aber wie kam er zu seinem heutigen Namen? „Merdeka" ist das malaiische Wort für „**Unabhängigkeit**". Auf dem Platz verkündete **Tunku Abdul Rahman** (1903–1990), erster Premierminister Malaysias, mit seinem mehrfach wiederholten Ruf „Merdeka" am 31. August 1957 die Unabhängigkeit vom britischen Kolonialreich. Der britische Union Jack wurde eingeholt und die neue malaysische Flagge gehisst. Der Fahnenmast erhebt sich aus einem massiven Sockel, den heute Namen und Bilder zieren, die an die damaligen Ereignisse erinnern. Neben dem Flaggenmast befindet sich das **Denkmal**

für Tunku Abdul Rahman. Der angrenzende **viktorianische Brunnen** beeindruckt mit seinen hübschen Kacheln. Seine Einzelteile wurden vor über 100 Jahren in Bauteilen aus England verschifft. Für die britischen Kolonialherren sollte der Brunnen ein Stück Heimat symbolisieren.

Fast alle Bauwerke am Platz wurden um 1890 errichtet, nahezu alle Entwürfe stammen von A. C. Norman, einem seinerzeit bekannten britischen Architekten. Nördlich des Platzes, zwischen Jalan Raja und dem Fluss Gombak, steht die **St. Mary's Cathedral**, in der sich ab 1894 die Anglikaner zum Gottesdienst versammelten und der Orgelmusik aus dem Instrument des Orgelbauers Henry Willis lauschten. Auch heute noch lädt das Gotteshaus aus Ziegelstein die Christen der Stadt zum Gottesdienst ein.

⌂ Alt und neu vereint: am Dataran Merdeka sind die faszinierenden Kontraste der Hauptstadt sichtbar

EXTRATIPP

Schleckermäuler aufgepasst!
Eine besonders leckere Belohnung nach einem schweißtreibenden Bummel durch die Straßen KLs findet man unter dem **Dataran Merdeka** ❷ – ja, richtig gelesen! In dem kleinen Einkaufszentrum **Dataran Undrgrnd** lädt **My Chocolate** (s. S. 34) zum kulinarischen Einkauf ein. My Chocolate ist eine Mischung aus Geschäft und Schokoladenmuseum, in dem in Malaysia angebauter und zu Schokolade verarbeiteter Kakao in allen möglichen, vor allem exotischen Geschmacksrichtungen offeriert wird. Zusätzlich erhält man einen interessanten Einblick in den Herstellungsprozess. Wer Lust auf etwas Herzhaftes hat, begibt sich ins **D'Greenwood** (s. S. 46), das sich ebenfalls im Dataran Undrgrnd befindet. Hier gibt es eine reichhaltige Auswahl von westlichen Snacks bis malaysischen Leckereien.

Nordöstlich, jenseits des Flusses Gombak, befinden sich das Gebäude **Panggung Bandaraya** von 1896, auch bekannt als **DBKL City Theatre**, und unmittelbar daneben das **Mahkamah Tinggi (Old High Court Building)** von 1909. Im Stadttheater finden sporadisch Veranstaltungen, z. B. Theater- oder Tanzfestivals, statt. Das Old High Court Building soll in Zukunft als Ausstellungsort genutzt werden.

Südlich des Dataran Merdeka erblickt man das beeindruckende **Bangunan Sultan Abdul Samad (Sultan Abdul Samad Building)**, das zwischen 1894 und 1897 mit zahlreichen Kuppeln, Arkadengängen und dem über 40 m hohen Glockenturm erbaut wurde. Das Gebäude, früher Sitz des Obersten Gerichtshofs, ist ein besonders schönes Beispiel für den traditionellen kolonialen Baustil, der durch eine gelungene Mischung aus westlichen und islamischen Elementen, Letztere in Anlehnung an die Mogul-Architektur, gekennzeichnet ist. Heute residiert hier das malaysische Ministerium für Information, Kommunikation und Kultur. Das Gebäude lässt sich nicht besichtigen. Noch ein paar Schritte weiter steht die ehemalige **Pos Besar**, auch bekannt als **Old General Post Office**, das ebenfalls nur von außen besichtigt werden kann.

Im historischen Gebäude der **Kuala Lumpur City Gallery** (s. S. 52) südlich des Platzes werden die Vergangenheit, Gegenwart und Zukunft der Stadt in einer interessanten Ausstellung dargestellt – hier erhalten Rat suchende Touristen auch Auskünfte. Genau gegenüber lockt das interessante **Muzium Tekstil Negara** (s. S. 53).

Nordwestlich des Platzes befindet sich die 1907 von **Loke Chow Kit** erbaute und nach ihm benannte **Loke Hall**, eine Art Stadtpalast, der dem chinesischen Tycoon ein angenehmes Zuhause bieten sollte. Bögen, Balkone, Friese und Erker zeigen ein Gemisch verschiedener Baustile. Da verwundert es kaum, dass das malaysische Architekturinstitut (Pertubuhan Akitek Malaysia, kurz PAM) das Gebäude 1973 zu seinem Hauptsitz erkor. **Derzeit wird es renoviert.**

❯ LRT: Masjid Jamek
❯ **Dataran Merdeka,** Jl. Raja
★ 80 [C4] **Royal Selangor Club,** www.rscweb.my, Zutritt für Mitglieder, nur Außenbesichtigung möglich
★ 81 [C3] **St. Mary's Cathedral,** www.stmaryscathedral.org.my, Tel. 03 26928672, jeden So. mehrere Gottesdienste auf Englisch
★ 82 [C3] **Panggung Bandaraya (DBKL City Theatre),** Jl. Raja/Jl. Tun

Perak, www.dbkl.gov.my (Menüpunkt „Public Facilities"/„City Theatre")

★83 [D3] **Mahkamah Tinggi (Old High Court Building)**, Jl. Tun Perak

★84 [C4] **Bangunan Sultan Abdul Samad (Sultan Abdul Samad Building)**

★85 [C4] **Pos Besar (Old General Post Office)**

★86 [C3] **Loke Hall**, 4 u. 6 Jl. Tangsi, www.architectsmalaysia.com.my (Menüpunkt „About us"/"About PAM Centre"), zurzeit wird das Gebäude renoviert

Little India rund um die Jalan TAR

In Little India, das unmittelbar an das koloniale Viertel um den Dataran Merdeka grenzt, pulsiert heute vornehmlich das islamische Leben. Neben einigen Gebäuden aus der Kolonialzeit befinden sich hier zwei wichtige Moscheen. Malaiische und indisch-muslimische Händler betreiben ihre Geschäfte. Hier lassen sich Saris, Sarongs, Tücher, Gewürze, Räucherstäbchen und Waren des täglichen Lebens erstehen – ausgefallenen Luxus gibt es dagegen nicht.

❸ Masjid Jamek (Jamek Mosque) ★★★   [D4]

Malerisch unter Kokospalmen steht die orientalisch anmutende Moschee am Zusammenfluss des Sungai Klang und des Sungai Gombak. Am schönsten wirkt das Gebäude in der untergehenden Sonne.

1909 errichtete man das Gebetshaus als **Nachbau einer nordindischen Moschee** aus **rotem Backstein** mit **weißen Einfassungen** nach Plänen von Arthus Benison Hubback, der auch schon die Stesen Keretapi KL ❶ entworfen hatte. Anfangs diente der Gebäudekomplex mit Gebetsräumen für Männer und Frauen, Minarett, Kuppeln, Arkaden und Nebengebäuden als **Nationalmoschee** und wurde vor allem freitags rege von den Gläubigen besucht. Doch mit der fortschreitenden wirtschaft-

▽ *Blick in den Innenhof der Masjid Jamek*

028kl Abb.: ho

Moscheebesuch – was muss ich beachten?

In Malaysia dürfen Nichtmuslime generell alle Moscheen besichtigen, allerdings nur **außerhalb der Gebetszeiten.** Muslime beten fünfmal am Tag. Die Gebetszeiten richten sich nach dem Auf- und Untergang der Sonne, sodass sie täglich leicht variieren. Wichtigster Gebetstermin ist das **Freitagsgebet,** das von Mittag bis Nachmittag stattfindet. Einen Moscheebesuch sollte man also nicht in diesen Zeitraum legen, am besten verschiebt man ihn auf einen anderen Tag.

Bei der Besichtigung achte man auf **angemessene Bekleidung;** in einigen Moscheen benötigen Frauen ein Kopf-

tuch. Wer doch einmal in kurzen Hosen, im knappen Rock oder mit bloßen Schultern kommt, kann sich meist vor Ort einen Umhang bzw. ein Kopftuch ausleihen. Diese liegen am Eingang vieler Moscheen, etwa der **Masjid Jamek** ❸ oder der **Masjid Negara** ⑳, für Besucher bereit. Vor dem Betreten des Gebetsraums müssen die **Schuhe ausgezogen** werden; normalerweise befinden sich am Eingang Regale. Besonderen Respekt verdient der **Koran,** von dem manchmal Exemplare ausliegen. Der Besucher sollte vorher fragen, wenn er einen Blick hineinwerfen möchte und das Buch vorsichtig behandeln.

lichen Entwicklung kamen auch immer mehr Menschen in die Stadt. So wurde die Moschee letztlich zu klein. Auch die Lage war nicht mehr ideal: Noch vor wenigen Jahrzehnten stand die Moschee recht frei am Flussufer, mittlerweile wird sie von zahlreichen Hochhäusern sowie den Trassen und Bahnhöfen der LRT-Bahn überragt. Gleichwohl wohnt der Moschee nach wie vor ein besonderer Reiz inne, den man bei einem Besuch erleben kann – was es dabei zu beachten gilt, steht im Kasten oben.

Trotz der Nähe zur pulsierenden Stadt und dem allgegenwärtigen Straßenlärm herrscht innerhalb der Moscheemauern eine ganz **eigenwillige Ruhe.** Dazu trägt der **große Garten** bei, der durch weite Rasenflächen, kleine Baumgruppen und bunte Blumen geprägt ist. Da huschen auch schon mal Echsen über das Gras und verschwinden Richtung Fluss, und in den Gebäuden suchen Vögel nach Nahrung. So mancher Gläubige nutzt diesen Flecken Natur zu einer kleinen Atempause.

> LRT: Masjid Jamek
> Jl. Tun Perak, geöffnet: Sa.–Do. 8.30–12.30 u. 14.30–16, Fr. 8.30–11 Uhr, Eintritt frei

❹ Masjid India (Indian Mosque) ★ [D3]

Bereits 1883 von indischen Händlern errichtet, avancierte die Moschee nahe der Jalan Tuanku Abdul Rahman (TAR) [C/D3] rasch zu einer der meist frequentierten Moscheen Kuala Lumpurs. Vor allem **indische Muslime** trafen und treffen sich hier zum Beten; bis zu 3500 Gläubige versammeln sich zum Freitagsgebet. Die Moschee ist der Mittelpunkt des indischen Viertels von Kuala Lumpur.

Anfangs stand hier nur ein **Holzgebäude,** später wurde es mehrfach umgebaut. 1924 entstand ein erstes Steinbauwerk, das allerdings 1963 abgerissen werden musste. An gleicher Stelle konnte im Jahr 1966 das heutige dreigeschossige Bauwerk im **südindischen Stil** vom Sultan von Selangor eröffnet werden. Mit seinen **Türmen und Rundbogenfenstern** ähnelt die Moschee einem indischen Palast. Es wurde zur Jahrtausendwende nochmals umfassend renoviert und verschönert. Letzte Arbeiten konnten 2002 abgeschlossen werden, als man **rotbraune polierte Granitblöcke** an der **Außenfassade** anbrachte, die das Gebäude auch heute noch glanzvoll erscheinen lassen.

Vor der Moschee führt ein kleiner, schmaler Gang durch einen **überdachten Markt**, auf dem allerlei Waren gehandelt werden. Hier kann man gut nach **Andenken** Ausschau halten.

> LRT: Masjid Jamek, Jalan Melaka
> Jl. Masjid India, www.masjidindia.com, Tel. 03 26921009, geöffnet: außerhalb der Gebetszeiten (s. „Moscheebesuch – was muss ich beachten?" auf S. 80), Eintritt frei

Chinatown

In diesem Teil der Stadt, der ebenfalls zum historischen Zentrum KLs gehört, leben vorwiegend ethnische Chinesen. Hier pulsiert das Leben und floriert der Handel. In den prachtvollen buddhistischen und taoistischen Tempeln mit ihren bunten Lampions und duftenden, oft oberschenkeldicken Räucherstäbchen erhält der Besucher Einblick in chinesische Traditionen. Auch ein wichtiger Hindu-Tempel befindet sich hier. Und natürlich der stadtbekannte Markt in der Petaling Street, die das Zentrum von Chinatown darstellt. Nicht zuletzt ist Chinatown ein Zentrum des Art déco – mehr dazu im Abschnitt „Kuala Lumpur im Intensivdurchgang" (2. Tag, s. S. 13).

> *Tagsüber herrscht auf der Petaling Street noch weitgehend Ruhe*

KLEINE PAUSE

Durstlöscher und Hungertöter

In dem traditionellen, kleinen Imbiss-Café **ABC Food's Corner** (s. S. 46) lässt sich prima ein gekühlter Softdrink, ein heißer *teh tarik* („gezogener Tee") oder ein *kopi susu* (Kaffee mit gesüßter Kondensmilch) genießen. Wer Hunger verspürt, bekommt typisch malaysische Gerichte aus Nudeln *(mee)* oder Reis *(nasi)* sowie indisches Curry. Sehr lecker und preiswert ist *roti canai* (s. S. 39).

❺ Petaling Street (Jalan Petaling) ★★★ [D5]

Früher gab es hier nur einen einfachen Nachtmarkt: Am späten Nachmittag hielten die Händler in den Straßen der alten Chinatown Einzug und boten ihre Waren feil. Mittlerweile ist der Markt auf der Jalan Petaling ein institutionalisierter Anziehungspunkt für Einheimische und Touristen gleichermaßen. Ob zum Anziehen oder zum Umhängen: Hier sind Plagiate in Massen zu haben.

029kl Abb.: ho

Wegen der häufigen Regenfälle und des damit einhergehenden unkalkulierbaren Risikos für die Händler hat man vor einigen Jahren große Teile der Petaling Street **überdacht**. So ist eine **Shoppingtour bei jedem Wetter** möglich. Fahrzeuge sind nur noch zum Be- und Entladen erbeten; wer sich trotzdem hierher mit dem Wagen verirrt, muss sich durch eine Menge quälen, die im Shoppingrausch zu sein scheint.

Traditionelles und Nahrungsmittel gibt es eher selten, sieht man von einigen Obstständen ab. Dennoch werden Reisende hier fündig: Die Suche nach **bezahlbaren „Luxuswaren"** lockt viele Touristen auf eine Einkaufstour über den Markt. Hier bekommt man von Armani bis Zegna alles zu Spottpreisen als „original copy", wie die Standbesitzer gerne versichern. **Handeln** ist Pflicht (Tipps s. S. 28), wird nie falsch verstanden und sollte in jedem Fall zu einem **deutlichen Preisnachlass** führen. Und wenn z. B. das gewünschte Uhrenmodell gerade nicht am Stand vorrätig ist, wird umgehend für Abhilfe gesorgt: Schnell ist der aktuelle Katalog des Herstellers parat, ein kurzes Telefonat und wenige Minuten später ist der Verkäufer mit der Ware zur Stelle. Ist das legal? Nein, natürlich nicht! Aber man lebt ganz gut damit.

Immer mal wieder kontrollieren Zoll *(Kastam)* und Polizei die Händler, denn schließlich ist jedem bekannt, womit hier ganz offen gehandelt wird. Dann verständigt man sich per Walkie-Talkie, gibt die Route der Inspektoren durch, die Waren verschwinden, man hört ein kurzes „Wait a minute" und nach der Kontrolle geht alles wieder von vorne los.

Zwischen den Ständen schieben **Getränkehändler** ihre Karren mit eisgekühlten Softdrinks, **DVD-Händler** bieten Kopien der aktuellsten Filme und Serien an. Es lassen sich außerdem **Souvenirs,** z. B. aus Zinn, erstehen.

Auch wenn man nichts kaufen möchte, ist der Besuch ein **Riesenspaß**. Wer jedoch zum Kauf verführt wird – und das wird nahezu jeder – bedenke bitte, dass die Waren mitunter nicht halten, was sie versprechen. Das eine oder andere nachgemachte T-Shirt läuft nach der ersten Wäsche gnadenlos ein. Ledertaschen, die mithilfe der „Feuerzeug-Prüfung" für echt befunden werden, sind es trotzdem nicht und Luxusuhren verlieren manchmal schon nach wenigen Stunden ihre Zeiger. Andere Waren sind häufig auch nach Jahren noch tadellos. Es ist eben eine Art Glücksspiel, aber dafür sind die Plagiate deutlich billiger als ihre „echten" Brüder. Bei der Ausreise sollte man dennoch einige **Hinweise zum Thema Zoll** (s. Extrainfo auf S. 28) beherzigen.

❯ LRT: Pasar Seni, Plaza Rakyat

❯ Jl. Petaling u. Jl. Hang Lekir zw. Jl. Sultan, Jl. Cheng Lock und Jl. Tun H. S. Lee, geöffnet: tgl. ca. 10–1 Uhr, Eintritt frei

KLEINE PAUSE

Karibisches Flair in Chinatown

Wer nach einem anstrengenden Bummel durch die Stadt und die Petaling Street ❺ Lust auf einfache, westliche Küche, ein kühles Bier oder einen Cocktail hat, kehrt in die **Reggae Pub & Bar** (s. S. 48) ein. Man kann drinnen sitzen, aber auch draußen einen Tisch wählen – von hier lässt sich das bunte Treiben gelassen beobachten. Die Bar ist mit Bildern von Bob Marley und anderen Reggae-Größen dekoriert.

⑥ Sri Maha
Mariamman Temple ★★★ [D5]

Inmitten von Chinatown überragt der prächtige hinduistische Tempel weithin sichtbar die Jalan Tun H. S. Lee und verströmt den intensiven Geruch von Räucherstäbchen.

1873 wurde der Tempel von **indischen Plantagen- und Zinnminenarbeitern** gegründet. Erst sehr viel später, in den 1960er-Jahren, hatte die Gemeinschaft genügend Geld gesammelt, um dem Bauwerk von indischen Tempelbauern zu seinem heutigen Aussehen zu verhelfen. Dies nahm letztlich über 20 Jahre in Anspruch.

Geweiht ist der Tempel der **Göttin Mariamman**, der wichtigsten südindischen Muttergottheit. Meist wird sie als sehr schöne, mehrarmige Frau dargestellt, wobei ihre Arme ihre vielseitigen Fähigkeiten symbolisieren. So erhoffte man sich von ihr die Heilung von den Pocken ebenso wie Fruchtbarkeit und Gesundheit für noch ungeborene Kinder.

Vor dem Tempel, den man nur **ohne Schuhe** betreten darf, gibt es kleine, bewachte Regale, in denen man seine Schuhe abstellen kann. Diese sollte man auch nutzen, denn ab und zu kommt es zu Schuhdiebstahl. An Ständen vor dem Portal kaufen die Gläubigen **Opfergaben**, **Räucherstäbchen** und **duftende Blütenketten** aus Orchideen und Jasmin, um sie im Inneren den jeweiligen hinduistischen Gottheiten als Tribut darzubringen.

Das pyramidenförmige, reich verzierte, 23 m hohe **Eingangstor** stellt viele Hindu-Gottheiten sowie Szenen aus der hinduistischen Mythologie dar. Im Januar oder Februar kann man mit etwas Glück den Beginn des Thaipusam-Festes (s. S. 56) verfolgen. Von hier starten die Pilger zu den Batu Caves ㉓.

030kl Abb.: fotolia.com © Valery Shanin

❯ LRT: Pasar Seni, Plaza Rakyat
❯ 163 Jl. Tun H. S. Lee, Tel. 03 2634941, www.batucavesmuruga.org, geöffnet: tgl. 6–10.30, 11.30–13, 16–20.30, Sa. bis 21 Uhr, Eintritt frei

⑦ Central Market (Pasar Seni)
und Kasturi Walk ★★★ [C4]

Wer sich für die Architektur der Kolonialzeit interessiert, der findet im Central Market ein wahres Kleinod. Die liebevoll restaurierte Markthalle zeigt ein Kuala Lumpur, wie es früher einmal war. Außerdem kann man hier wunderbar nach Andenken und Mitbringseln stöbern.

⌂ *Imposant: das Eingangstor des Sri Maha Mariamman Temple*

Einst zockte und trank in dem hölzernen Gebäude, das schon immer als Markt fungierte, der Zinnbaron und *Kapitan Cina* **Yap Ah Loy** (s. S. 65) mit seinen Freunden und Kumpanen. Später wurde das Gebäude unter dem britischen Kolonialgesandten **Frank Swettenham** zerstört – schließlich wurde hier gespielt und und man wollte finstere Machenschaften verhindern. Bald aber wurde das Haus mit Ziegelmauern neu errichtet. So erhoffte man sich eine geringere Brandgefahr; außerdem konnte bei Razzien niemand allzu leicht durch eine Lücke zwischen den Brettern entkommen. 1883 wurde eine neue Markthalle fertiggestellt, die 1888 zu ihrer heutigen Form umgebaut und 1933 erweitert wurde.

Die zentrale Markthalle Kuala Lumpurs diente über Jahrzehnte als **Handelspunkt für Frischwaren.** Bis in die 1980er-Jahre wurde hier mit Fisch, Fleisch und allerlei landwirtschaftlichen Produkten gehandelt, doch im Zuge der Modernisierung der Innenstadt und dem recht radikalen Umbau der Verkehrswege rentierte sich der echte Marktbetrieb nicht mehr. Die Stadt besann sich einer alternativen Strategie, restaurierte und renovierte das **Art-déco-Gebäude** mit viel Aufwand und verpasste ihm sogar Außentüren aus Glas – so ließ sich der Innenraum klimatisieren. Dann wurde der Pasar Seni als Markt wiedereröffnet, nun jedoch nicht mehr für Lebensmittel, sondern für alles, was des Touristen Herz begehrt.

Im Inneren entstanden auf **zwei Etagen** zahlreiche **Einzelhandelsgeschäfte,** in denen der Reisende vor allem **Kunsthandwerk, Postkarten, Batikkleidung** und allerlei **Souvenirs** aus ganz Malaysia sowie den Nachbarstaaten kaufen kann, z. B. bei **Songket & Sutera Asli** und **Tuah KTC** (beide s. S. 33). Auch Tee aus den Cameron Highlands oder sündhaft teurer *kopi luwak* sind hier zu haben. Diese indonesische Kaffeeart wird aus den Bohnen gewonnen, die den Darm des Fleckenmusang, einer Marderart, passiert haben.

Neben dem Shoppingbereich gibt es verschiedene **Restaurants und Cafés,** in denen man sich erholen und dem bunten Treiben zuschauen kann. Am quirligsten ist es im Central Market übrigens, wenn kurz zuvor ein Kreuzfahrtschiff in Port Klang angelegt hat und die Kreuzfahrer mit Reisebussen hierher gebracht werden. Etwa eine Stunde später ist der Spuk dann vorüber!

Zum Central Market gehört auch die **Annexe Gallery** (s. S. 53) mit sehenswerten Kunstausstellungen.

Direkt neben dem Central Market befindet sich der **Kasturi Walk** in der Jalan Hang Kasturi. Ausgesprochen eindrucksvoll ist der **riesige Bogen über der Straße,** der optisch einem traditionellen malaysischen Steigdrachen nachempfunden ist: dem *Wau Bulan* („Monddrachen"). Die Häuser entlang des Kasturi Walk wurden mit viel Liebe zum Detail renoviert und in **bunten Farben** gestrichen, sodass man sich unvermittelt in vergangene Zeiten zurückversetzt fühlt. Besonders hübsch sind die Fassaden der Häuser mit den **Hausnummern 32 bis 52.** Leider geht viel vom antiken Charme der Fassaden durch die zahlreichen Verkaufsstände der Händler verloren, die auf kaufwillige Touristen hoffen. Etliche Geschäfte unter den Arkaden entlang der Straße sind mittlerweile typisch malaysische *Kedai Kopi* (s. S. 42) oder aber in der Hand internationaler Kaffee- und Fast-Food-Ketten. Immerhin haben sich zumindest zwei **alteingesessene Kräuter- und Gewürzhändler** (Kwang Yeow Heng und Soon Hing Cheong) hier halten können.

Hinter dem Central Market befinden sich die **Fußgängerzone Lebuh Ampang** und der Platz **Medan Pasar,** der auch Old Market Square genannt wird; hier gibt es weitere sehenswerte **Art-déco-Gebäude** (s. „Kuala Lumpur im Intensivdurchgang", 2. Tag, S. 13).

❯ LRT: Pasar Seni, Plaza Rakyat
❯ Jl. Hang Kasturi zw. Jl. Cheng Lock u. Lebuh Pasar Besar, www.centralmarket. com.my, Tel. 1300 228688, geöffnet: tgl. 10–22 Uhr (Markt u. Kasturi Walk)

❽ Sin Sze Si Ya Temple ★★★ [D4]

Der älteste taoistische Tempel Kuala Lumpurs wurde schon 1864 im Auftrag des legendären Chinesen Yap Ah Loy, auch bekannt als „Kapitan Cina", erbaut. Heute befindet sich das Gotteshaus in einer ruhigen und etwas abseits gelegenen Straße der sonst eher lebhaften Chinatown.

Während seiner Erbauungszeit wuchs Kuala Lumpur gerade zur Stadt heran. Damals brachte **Yap Ah Loy** (s. S. 65) hier Opfer an die Götter dar, um seine sichere Überfahrt über das südchinesische Meer zu gewährleisten. Im sogenannten **Zinn- oder Bürgerkrieg** von Selangor (1870–1873) halfen ihm zwei treue Anhänger, **Sin Sze Ya und Si Sze Ya.** Ob sie wirklich existierten oder, wie es die Legende will, Propheten waren, die Yap Ah Loy im Traum erschienen, ist nicht geklärt. Wie dem auch sei, in jedem Fall gelang es Yap Ah Loy, den Krieg siegreich zu überstehen. Zum Dank widmete er Sin Sze Ya und Si Sze Ya diesen Tempel. Ein **Bild Loys am linken Altar** stellt diese für KL so wichtige Persönlichkeit dar.

Den **taoistischen Gottheiten** wird auch heute noch ausgiebig geopfert, vor allem um gegen Krankheiten gewappnet zu sein oder wichtige Prüfungen zu bestehen. Auch Schönheit und Reichtum werden häufig erbeten.

Kleines Schmankerl am Rande: Die Hausmeisterin des Tempels, Mrs. Wong, kann mithilfe der Khao-Chim-Stäbe das Schicksal vorhersagen – für den, der daran glaubt! Kostenpunkt: RM 1.

❯ LRT: Pasar Seni, Masjid Jamek
❯ 14 Lebuh Pudu, geöffnet: tgl. 8–20 Uhr

❾ Chan See Shu Yuen Temple ★ [D6]

Am südlichen Ende der Petaling Street ❺ befindet sich dieser Tempel, der ehemals als **Kongsi,** also als **Clan-Haus,** erbaut wurde. 1897 begann die Familie Yuen mit den Arbeiten, die sich bis 1906 hinzogen. Hier fanden einst die neu eintreffenden Immigranten aus China Obdach, wenn sie aus den Familien Chan, Chin oder Tan stammten, denn deren Vorfahren und die der Yuens hatten dieselben Wurzeln im alten China. Der **älteste und größte buddhistische Tempel Malaysias** kann sich bis heute sehen lassen. Wunderschöne, feine Steinmetzarbeiten, bemalte Friese und hübsche Fliesen lassen sich bewundern. Besonders bemerkenswert sind die **grünen Kacheln,** die das Dach formen und der offene Hof. Im Innenraum erfreuen Wandbilder wie z. B. der Kampf gegen Löwen, Drachen und andere mythische Figuren den Besucher. Hinter Glas kann man lebensgroße Figuren der Hauptgottheiten bewundern, u. a. Chong Wah, einen Kaiser der Song-Dynastie.

❯ LRT: Pasar Seni, Monorail: Maharajalela
❯ Jl. Petaling/Bulatan Merdeka, geöffnet: tgl. 8–21 Uhr

Golden Triangle

Im „Goldenen Dreieck" lässt sich das moderne Kuala Lumpur entdecken. Hier stehen luxuriöse Hotels, imposante Geschäftsgebäude und riesige Shoppingmalls. Inmitten des Golden Triangle liegt KLCC, das Kuala Lumpur City Centre rund um die imposanten Petronas Twin Towers. Zum Goldenen Dreieck gehört auch Bukit Bintang („Sternenhügel") entlang der geschäftigen, bunten und glitzernden Jalan Bukit Bintang sowie ihren Seitenstraßen. Hier fühlen sich Shoppingfreunde, Gourmets und Nachteulen besonders wohl. Es gibt aber durchaus auch grüne Lungen.

⑩ Bukit Nanas ★★★ [E3]

Unübersehbar ragt Kuala Lumpurs Fernsehturm Menara KL auf dem „Ananashügel" (Bukit: „Hügel", Nanas: „Ananas") gen Himmel. Aber der 90 m hohe Hügel bietet viel mehr: Hier erlebt man ein letztes Stück echten Dschungel inmitten der pulsierenden Großstadt.

Das Zentrum des Bukit Nanas bildet das Regenwald-Reservat namens **Bukit Nanas Forest Reserve.** Im kleinen **Forest Information Centre** erfährt man Wissenswertes über den Regenwald Malaysias, u. a. über die *Rafflesia,* welche die größten Blüten im Pflanzenreich aufweist. Verschiedene Vitrinen zeigen Insekten und andere Tiere des Waldes; die Mitarbeiter des Zentrums beantworten bereitwillig alle Fragen zum Thema Natur.

Ein kleiner **Waldlehrpfad** durch den Dschungel rundet den Gesamteindruck sehr positiv ab, denn neben malaiischer und wissenschaftlicher Bezeichnung der Pflanzen gibt es auch eine englische Übersetzung,

die zudem lehrreiche Informationen bereit hält. Neben der tropischen Vegetation begegnet man zahlreichen Tierarten: von Schmetterlingen über verschiedene Vogelarten bis hin zu Kleinsäugern.

Schwindelfreie können sich auf dem **Canopy Walkway** versuchen, bei dem man auf schmalen Hängebrücken zwischen den Baumwipfeln unterwegs ist und so die einzigartige Natur der Region hautnah von oben erleben kann. **Derzeit wird an den Pfaden gebaut,** im November 2013 konnte man aber einen Teil der Wege bereits wieder begehen. Am besten erkundigt man sich vor Ort nach dem Fortschritt der Arbeiten.

Am Fuße des Bukit Nanas kann der Besucher im kleinen Laden **Heritage Art and Graphics** (s. S. 33) lokale Kunstwerke und Postkarten erstehen.

❯ Monorail: Bukit Nanas
❯ Jl. Raja Chulan, geöffnet:
  tgl. 7–18 Uhr, Eintritt frei

⑪ Menara KL (KL Tower) ★★★ [E3]

Ganze 421 m streckt sich der Fernsehturm inmitten der City in den Himmel und bietet – gutes Wetter vorausgesetzt – einen hervorragenden Panoramablick über die Stadt und das Umland.

Als der **Fernsehturm** 1996 auf dem Stadthügel Bukit Nanas ⑩ eröffnet wurde, war er weltweit der vierthöchste Turm dieser Art. Seitdem ist die Entwicklung weitergegangen, neue Fernsehtürme kamen hinzu, sodass Menara KL nur noch an siebter Stelle in der Weltrangliste rangiert.

In 276 m Höhe befindet sich eine **verglaste Aussichtsplattform** und darüber, in knapp 300 m Höhe, ein **ro-**

tierendes **Restaurant** (Atmosphere 360°, s. S. 44), das sich innerhalb von 90 Minuten einmal vollständig um sich selbst dreht. Wer hier einen Tisch bestellt, genießt während des Essens die beste Aussicht über die Stadt. Wer noch höher hinaus will, kann nach vorheriger Buchung die **Base-Jumping-Station** in 330 m nutzen, von der aus man gewissermaßen auf dem kurzen Wege – ohne den Lift zu nehmen – zurück nach unten gelangt, und zwar mithilfe eines Fallschirmsprungs.

Wie die meisten anderen Fernsehtürme besteht Menara KL aus einer schlanken Säule, an deren oberen Ende ein großer Turmkorb sitzt; hier befinden sich die Plattform und das Restaurant. An der Basis ist der Turm mit vielen einzelnen Scheiben **verglast**, sodass bei richtiger Sonneneinstrahlung der **Eindruck eines funkelnden Edelsteins** entsteht.

Zwei Aufzüge bringen Besucher in luftige Höhen, allerdings erst nach dem Passieren einer Sicherheitsschleuse inklusive Taschenkontrolle. Wer nicht nur die Aussicht vom Turm genießen möchte, kann z. B. in einem **Formel-1-Simulator** seine Fahrkünste testen, in einem kleinen „Zoo" exotischen Tieren hautnah kommen (inklusive Kuscheln mit großen Pythons) oder im **Blue Coral Aquarium** Erfahrungen mit der Unterwasserwelt der Region machen. Im **1 Malaysia Cultural Village** kann man durch ein Malaysia im Miniaturformat mit nachgebauten Haustypen aus allen Landesteilen wandern. Für all diese Attraktionen sind allerdings weitere Aufpreise fällig.

Bei **Haze** (**Smog**) lohnt der Besuch des Fernsehturms allenfalls frühmorgens, weil sonst die Sicht zu stark behindert ist.

> ❯ Monorail: Bukit Nanas
> ❯ Bukit Nanas, 2 Jl. Punchak, off Jl. P. Ramlee, www.menarakl.com.my, Tel. 03 20205444, geöffnet: tgl. 9–22 Uhr (alle Attraktionen), Eintritt: Aussichtsplattform RM 49, Kombitickets für den Besuch der Plattform und andere Attraktionen erhältlich
> ❯ **Base Jumping**, www.kltowerjump.com
> ❯ **F1 Simulator Zone**, geöffnet: tgl. 9–21 Uhr, Eintritt: RM 18
> ❯ **Animal Zone**, geöffnet: tgl. 9–21 Uhr, Eintritt: RM 12
> ❯ **Blue Coral Aquarium**, www.bluecoralaquarium.my, geöffnet: tgl. 9–21.30 Uhr, Eintritt: RM 18, zusammen mit der Animal Zone RM 25
> ❯ **1 Malaysia Cultural Village**, geöffnet: tgl. 9–21 Uhr, Eintritt: RM 20

⌂ Da der Fernsehturm auf einem Hügel steht, wirkt er aus der Ferne größer als die Petronas Twin Towers ⑫

⑫ **Petronas Twin Towers** ★★★ **[G2]**

Bis ins Jahr 2004 waren die Zwillingstürme das höchste Gebäude der Welt. Nach wie vor gehören sie zu den beeindruckendsten Bauten weltweit und haben sich mittlerweile zu einem echten Wahrzeichen der malaysischen Hauptstadt entwickelt.

1999 wurde das damals höchste Gebäude der Welt eröffnet. Ganze 452 m ragen die Spitzen der Zwillingstürme des **malaysischen Mineralölkonzerns Petronas** im Zentrum Kuala Lumpurs in den Himmel. Die nach oben hin immer spitzer zulaufenden Türme sind in 170 m Höhe mit einer fast 59 m langen Brücke verbunden, der sogenannten **Skybridge**. In 360 m Höhe befindet sich außerdem eine Aussichtsplattform, das sogenannte **Observation Deck**. Insgesamt besitzen die Türme 88 Stockwerke.

Im Inneren der Petronas Towers befindet sich das luxuriöse Einkaufszentrum **Suria KLCC** (s. S. 32), das allein schon einen Aufenthalt lohnt, ferner die **Philharmonie** (Dewan Filharmonik Petronas, s. S. 50), das Wissenschaftsmuseum **Petrosains** (s. S. 53) und die Kunstgalerie **Galeri Petronas** (s. S. 51).

Südöstlich der Türme befindet sich der **Simfoni Lake** inmitten einer großen, parkähnlichen Grünfläche, dem **KLCC Park**. Von hier ist der Blick auf die Türme grandios. Am Abend verbreiten die Wasserfontänen mit musikalischer Untermalung und Beleuchtung ein stimmungsvolles Ambiente. Umrundet man den See, kann man auf **Jogging- und Spazierwegen** inmitten tropischer Vegetation flanieren.

Besonders eindrucksvoll sind die Petronas Towers, wenn man sich ihnen gewissermaßen „von innen nach außen" nähert. Man fährt mit dem LRT bis zur Station KLCC und folgt der Ausschilderung zum Einkaufszentrum, in dessen Mitte man geht. Hier steht man unter einer gläsernen Pyramide inmitten luxuriöser Geschäfte. Nun wendet man sich nach rechts zu den Rolltreppen, fährt eine Etage nach oben und begibt sich auf gera-

032KI Abb.: mr

dem Weg aus dem Einkaufszentrum heraus. Man gelangt so in die **Lobby** der Türme, in der sich auch der **Eingang zur Philharmonie** befindet. Von hier aus geht es geradewegs durch die Glastüren nach draußen in **Richtung Springbrunnen**. Gleichgültig, ob man rechts oder links an den Wasserbecken vorbeigeht, kurz vor Erreichen der Fahrspur für Taxis sollte man sich umdrehen und nach oben schauen: Man steht unmittelbar unter den Türmen und genießt eine **einmalige Sicht auf die beiden Giganten.** Über die Fahrspur gelangt man zu weiteren Brunnen, an deren Ende man die Chance hat, beide Türme vollständig aufs Foto zu bekommen, sofern man ein Weitwinkelobjektiv nutzt.

❯ LRT: KLCC
❯ Jl. Ampang/Jl. P. Ramlee, www.petronastwintowers.com.my, Tel. 03 23318080
❯ **Skybridge und Observation Deck,** geöffnet: Di.–So. 9–21 Uhr (Verkaufsschalter öffnet um 8.30 Uhr), Fr. 13–14.30 Uhr geschlossen, Eintritt: RM 80, erm. RM 30. Es wird nur eine begrenzte Anzahl von Tickets pro Tag ausgegeben, die Eintrittskarten lassen sich auch online erwerben.
❯ **Fontänen am Simfoni Lake,** tgl. 12–14 u. 18–23 Uhr (abends mit Beleuchtung und Musik), Eintritt frei

⑬ **Aquaria KLCC** ★★★ [H3]

Wie wäre es, mal den Haien ins Antlitz zu blicken? Oder gar mit ihnen zu tauchen? Im Aquarium erfährt man viel Wissenswertes über die bunte Unterwasserwelt Südostasiens – bis

◁ *Idealer Aussichtspunkt: die Skybridge verbindet die beiden Teile der Petronas Twin Towers*

hin zu Details über das Jagdverhalten des Schützenfisches. Der eine oder andere kann hier sogar persönliche Ängste überwinden.

Rund um die zahlreichen Becken des Aquariums werden Besucher zunächst in die **Welt der Meere** eingeführt, um ihnen so die ökologischen Zusammenhänge zu verdeutlichen. Danach widmet man sich dem **Regenwald**, den Mangrovenwäldern der Küsten und schließlich der Unterwasserwelt der tropischen Meere.

Neben verschiedenen **Einzelbecken**, in denen Fische und andere Meeresbewohner zu sehen sind, lässt sich auch ein kleiner **Terrarienbereich** besichtigen. Danach geht es in einen riesigen, verglasten **Unterwassertunnel namens Oceanarium**, von dem aus der Besucher einen direkten Blick auf Flora und Fauna der Meere genießt, die sich unter, neben und über ihm erstrecken. **Rochen und Haie** ziehen hier ihre Kreise, Drückerfische führen Attacken gegen allzu aufdringliche Artgenossen und Clownfische à la Nemo beschützen ihre Anemone.

Wer es noch anschaulicher mag, darf **nach Voranmeldung** entweder im großen Aquarium frei mit den Haien **tauchen** (nur mit Tauchzertifikat) oder sich in einem Käfig in das Becken senken lassen. Alle Gäste sind zudem eingeladen, sich am Projekt „Save our Fins" zu beteiligen, mit dem sich die Aquaria-Gesellschaft dem Schutz und Erhalt der Ozeane verschrieben hat.

❯ LRT: KLCC
❯ KLCC, Jl. Pinang, www.aquariaklcc.com, Tel. 03 23331888, geöffnet: tgl. 10.30–20 Uhr, Eintritt: RM 50, erm. RM 40, Tauchen ab RM 199 (nur nach Voranmeldung unter Tel. 03 2333-1976/-1977/-1971)

Tun Abdul Razak Heritage Park (Lake Gardens)

Willkommen in der grünen Lunge KLs: Hier kann man sich von dem Lärm und der Hektik der Stadt erholen und die Natur des tropischen Paradieses Malaysia genießen. Das Zentrum des Parks bildet der Perdana Botanical Garden. Früher war die weitläufige, grüne Parklandschaft mit Wasserläufen und See als Lake Gardens (Taman Tasik Perdana) bekannt – und auch heute noch wird sie von vielen Bewohnern KLs so bezeichnet. Der Heritage Park umfasst ferner einige Bauwerke aus der Gründungszeit des Staates Malaysia, etwa das Nationalmuseum und die Nationalmoschee.

⑭ Muzium Negara (National Museum) ★★★ [B6]

Anschaulich bis schauerlich, geschichtsträchtig bis romantisch – all diese Attribute treffen auf das große, sehenswerte Nationalmuseum zu, das sich ganz in der Nähe des Hauptbahnhofs KL Sentral befindet und rein optisch wenig mit den modernen Bauten in seiner unmittelbaren Umgebung zu tun zu haben scheint. Stattdessen hat man sich bei der Außengestaltung an der typisch malaiischen Palastarchitektur orientiert.

Auf zwei riesigen **Wandgemälden** an der Fassade des 1963 eröffneten Museums sind wichtige Stationen auf dem Weg Malaysias zu einem eigenständigen Staat monumental bebildert.

Im Inneren sind die **Ausstellungen** in die **Bereiche A bis D** eingeteilt: Bereich A thematisiert die Vor- und Frühgeschichte der Region, Bereich B die Geschichte der ersten großen Reiche, die von Stammesfürsten regiert wurden, Bereich C den Einfluss der europäischen Kolonialmächte und die Zeit des Zweiten Weltkriegs und schließlich Bereich D die Unabhängigkeit „Merdeka" in all ihren faszinierenden Facetten. Neben vielen **historischen Fakten und Epochen** kommen auch die **Alltagskultur**, die **Natur** des Landes und alle Bereiche der **Wirtschaft** zur Geltung.

Im **Untergeschoss** bietet ein **Kunstgewerbeladen** etliche Souvenirs an, wobei sich hier wirklich hübsche Dinge erstehen lassen.

Die **Außenanlagen** lassen sich kostenlos besichtigen – hier kann man z. B. traditionelle Fortbewegungsmittel wie Boote, Rikschas und Karren sehen, aber auch die nationale Automarke Malaysias, den Proton, bewundern: Verschiedene Fahrzeugmodelle setzen die Entwicklung der Marke in Szene. Im **Garten** findet man ferner Skulpturen aus zahlreichen Landesteilen, darunter auch Schnitzereien aus Sarawak und ein originales Holzhaus aus Terengganu: die Sultansresidenz *Istana Satu*.

❯ LRT, KT Komuter und Monrail: KL Sentral, dann mit dem Taxi oder zu Fuß ; Hop-on-hop-off-Bus: Station 12, Rapid KL Bus: 112, 115 bis KL Sentral

❯ Jl. Damansara, www.muziumnegara.gov. my, Tel. 03 22671111, geöffnet: tgl. 9 – 18 Uhr, Eintritt: RM 5, Führungen auf Englisch Mo.–Sa. 10 Uhr

❯ **Wegbeschreibung vom KL Sentral:** Vom Bahnhof aus geht man auf den Eingang der Hotels Hilton und Le Méridien zu, hält sich aber vorher rechts Richtung Parkgarage. Am Parkhaus überquert man die Zufahrt und folgt dem schmalen Gehweg auf der rechten Straßenseite bis zur nächsten Querstraße. Nach deren Überquerung hält man sich links und erreicht eine Treppe hinunter zur Hauptstraße. Ab hier ist der Weg zum Muzium Negara und zum Tun Abdul Razak Heritage Park (Lake Gardens) ausgeschildert. Man überquert die nächste Straße nach links und befindet sich direkt im Hinterhof des Museums.

EXTRAINFO

Mückenalarm!
Während man normalerweise in KL unterwegs sein kann, ohne von den kleinen Blutsaugern belästigt zu werden, sollte man sich vorher mit einem **Mückenschutzmittel** *(insect repellent)* ausrüsten, wenn man den Bereich des **Perdana Botanical Garden** ⑮ und der **umliegenden Sehenswürdigkeiten** besucht.

⑮ Perdana Botanical Garden ★★★ [A5]

Westlich des Stadtzentrums, ganz in der Nähe des Nationalmuseums, erstreckt sich eine riesige Parkanlage um einen kleinen See. Im Schatten der gigantischen Kronen tropischer Baumriesen kann man hier joggen, spazieren gehen oder einfach auf einer Bank die Ruhe genießen.

Vielen Bewohnern KLs ist der **botanische Garten** noch unter der alten Bezeichnung **Taman Tasik Perdana** bzw. **Lake Gardens** bekannt. Hier kann der Besucher die gesamte Pracht der einheimischen tropischen Gewächse bewundern und die Namen aller Pflanzen in Erfahrung bringen. Wer mag, kann zudem an Wochenenden mit **Ruderbooten** auf dem See cruisen.

Die Schönheit der Orchideen erblüht im **Orchid Garden**, der Teil der Gesamtanlage ist. Die schönsten Arten der „Königin der Blumen" sind hier auf vielen Beeten ansprechend arrangiert. Immer wieder lockern Brunnen und Wasserläufe das Terrain auf. Jeden Sonntag findet ein kleiner Markt statt, auf dem man Orchideen und Zubehör für die Zucht kaufen kann. Kann man an diesem nicht teilnehmen, lohnt der Blick in die Ladengalerie im Garten, wo Orchideenfans ebenfalls fündig werden.

Unmittelbar an den Orchideengarten grenzt der nicht minder bemerkenswerte **Hibiscus Park**. Zahlreiche Arten dieser im Deutschen „Roseneibisch" genannten Pflanze blühen hier. Schaut man genau hin, lässt sich erahnen, warum diese prachtvolle Blütenpflanze zur **Nationalblume Malaysias** auserkoren wurde – die Malaysier nennen sie *Bunga Raya* („große Blüte").

Ebenfalls zur Parkanlage gehört der **Taman Rusa (Deer Park)**. Nahe dem See, allerdings am Hang gelegen, schlängelt sich ein Teil der Wanderwege hinter hohen Zäunen. In diesem umschlossenen Bereich leben die großen Sambar-Hirsche, aber auch die zwerghaften Muntjak-Hirsche, die nur eine Körperlänge von 60 bis 130 cm erreichen.

Neben den Einzelattraktionen ist die **„Natur am Wegesrand"** besonders spannend. Überall lassen sich exotische Pflanzen entdecken – und mit etwas Glück auch **allerlei Tiere**. Zu den Insekten zählen bis zu 1,5 cm große Ameisen, bunte Schmetterlinge und leider auch reichlich Mücken. Bei den Säugern sind vor allem die **Hörnchen** zu nennen, die flink an Bäumen emporklettern oder über Stromkabel hinwegflitzen. Auch **Javaneraffen** sieht man häufig in den Bäumen sitzen – sie lassen oft keine Gelegenheit aus, sich fremdes Eigentum anzueignen, wenn sie vermuten, darin sei etwas Essbares. Also achtgeben! Manchmal kann man **Geckos** bei der Jagd nach Insekten beobachten, **Skinke** (Echsen) huschen über das Laub am Boden und gelegentlich züngelt auch mal ein bis zu 1,5 m langer **Waran** durch das Unterholz.

Im Norden des Parks steht das **Tugu Peringatan Negara (National Monument)**. 1966 entwarf Felix de Weldon (1907–2003), ein amerikanischer Bildhauer, der in Australien geboren wurde, das Denkmal, das dem Iwo-Jima-Memorial in Washington nachempfunden ist.

Die bewaffneten Bronzefiguren, die stolz die malaysische Fahne emporheben, sollen Tugenden wie Tapferkeit, Wachsamkeit, Führung, Stärke und Einheit symbolisieren. Mit der Skulptur soll an die Gefallenen im Zweiten Weltkrieg und im Guerillakrieg der Kommunisten für die Unabhängigkeit des Landes erinnert werden. Unmittelbar angrenzend an das Denkmal lässt sich im **ASEAN Sculpture Garden** moderne Kunst entdecken.

❯ Rapid KL Bus: B115 bis Jalan Parlimen, dann zu Fuß; Hop-on-hop-off-Bus: Station 14

❯ zwischen Jl. Parlimen, Jl. Cenderawasih und Jl. Hishamuddin, www.klbotanicalgarden.gov.my, Tel. 03 26176404, geöffnet: tgl. 7–20 Uhr

❯ **Wegbeschreibung vom KL Sentral:** s. Muzium Negara ⓮

★87 [B5] Orchid Garden, geöffnet: tgl. 9–18 Uhr, Eintritt frei

★88 [A4] Hibiscus Park, geöffnet: tgl. 9–18 Uhr, Eintritt frei

★89 [A5] Taman Rusa (Deer Park), geöffnet: tgl. 10–18 Uhr, Eintritt: RM 10

★90 [A4] Tugu Peringatan Negara (National Monument)

★91 [dj] ASEAN Sculpture Garden, Pesiaran Sultan Salahhudin

⓰ **Memorial Tun Abdul Razak** ★★ [B5]

Das **Museum** ist dem zweiten Premierminister Malaysias als **Gedenkort** gewidmet: Tun Abdul Razak, der als *Bapa Pembangunan* („Vater der Entwicklung") in die Annalen des Landes einging.

Tun Abdul Razak hieß mit vollständigem Namen Tun Haji Abdul Razak bin Haji Dato' Hussein. Er wurde am 11. März 1922 in Pekan geboren. Ab 1940 studierte er in Singapur am Raffles College, unterbrach sein Studium aber schon kurz darauf, als die Japaner die Malaiische Halbinsel besetzten. Erst nach dem Ende des Krieges nahm er sein Studium wieder auf, nun aber in London, wo er Jura studierte und 1950 erfolgreich abschloss. Im Anschluss kehrte er nach Malaysia zurück und wurde als politisch interessierter Mensch Mitglied der UMNO. Als der damalige Regierungschef Tunku Abdul Rahman im September 1970 aufgrund der ethnischen Unruhen in Kuala Lumpur 1968 (s. S. 68) zurücktrat, übernahm Abdul Razak als **Premierminister** die Führung des Landes. Dieses Amt übte er bis 1976 aus. Unter seiner Leitung wurde die bis heute regierende große Koalition, die **Barisan Nasional**, gegründet. Das Ende seiner politischen Karriere brachte eine Leukämieerkrankung, der er am 14. Januar 1976 in London während eines Behandlungsaufenthaltes erlag.

Als wichtiger Staatsmann wurde er im **Makam-Pahlawan-Mausoleum** für bedeutende Persönlichkeiten bestattet, das sich nahe der Nationalmoschee Masjid Negara ⓴ befindet. Tun Abdul Razak zu Ehren hat man seine **ehemalige Residenz** in ein **Museum** umgewandelt, in dem die Öffentlichkeit Zugang zu historischen Dokumenten, Fotos und Exponaten aus seinem Leben erhält.

> Hop-on-hop-off-Bus: Station 14
> Sri Taman/Jl. Perdana, Tel. 03 26912246, geöffnet: Di.–Do. u. Sa./So. 10–17.30, Fr. 12–15 Uhr, Eintritt frei

⑰ KL Bird Park (Taman Burung KL) ★★★ [B5]

Hunderte von Vögeln fliegen hier scheinbar frei durch die Luft, nur von einem von innen auf den ersten Blick kaum sichtbaren Netz begrenzt. Fast scheint es, als beobachte man die Tiere in völliger Freiheit.

Über 3000 Vögel überwiegend regionaler Arten leben in diesem **Vogelpark**. Viele der 200 Arten erlebt man in großen **Aviarien (Freiflughallen)**, sodass sich ein ausgesprochen natürlicher Eindruck ergibt. Hier kommt man der Vogelwelt Malaysias sehr nahe und kann auch die mittlerweile selten gewordenen **Nashornvögel** *(hornbills)* beobachten, außerdem Pittas, Bülbül und *kingfisher,* wie man die prächtigen Eisvögel hier nennt.

Das Parkgelände ist sehr **weitläufig** und wird von **Gewässern und Brücken** durchzogen, sodass man sich schon ein bisschen Zeit nehmen muss, um alle Areale gründlich zu erforschen. Allen Fotografen sei geraten, neben einem guten Blitzgerät vor allem ein Stativ dabei zu haben, denn die Lichtverhältnisse ähneln denen im Wald. Will man sich nicht auf die eigenen Bilder verlassen, kann man im **Souvenirshop am Ausgang** Bilder von allen im Park beheimateten Vogelarten erwerben.

033 kl Abb.: ho

> Busverbindung: s. Perdana Botanical Garden ⑮
> 920 Jl. Cenderawasih, www.klbirdpark. com, Tel. 03 22721010, geöffnet: tgl. 9–18 Uhr, Eintritt: RM 48, erm. RM 38

⑱ KL Butterfly Park (Taman Rama Rama KL) ★★ [B4]

Bis zu 5000 Schmetterlinge bewegen sich hier tänzelnd durch die Luft, und zwar unter einem riesigen, in großer Höhe **gespannten Netz**. Wege auf verschiedenen Ebenen ermöglichen den Blick auf diejenigen Tiere, die sich eher in feuchten Bereichen heimisch fühlen, und solche, die das Sonnenlicht suchen. In dem tropischen Paradies blüht es überall, sodass die Schmetterlinge reichlich Blüten zum Nektarsaugen finden. In **Terrarien** und **Aquarien** sind weitere in Malaysia verbreitete Tierarten zu bestaunen, darunter vor allem Skorpione, Spinnen und einzelne Amphibien.

◻ *Im KL Bird Park kann man den Eisvögeln ganz nahekommen*

035kl Abb.: ho

Mobile Garküchen

Wanderungen im **Tun Abdul Razak Heritage Park (Lake Gardens)** können ziemlich anstrengend sein. Man sollte sich unbedingt etwas zu trinken mitnehmen. Wen der Hunger plagt, der kann entweder eher schlecht, dafür aber teuer in den Restaurants und Coffeeshops im KL Bird Park ⓱ oder KL Butterfly Park ⓲ essen. Oder man nutzt **wie die Einheimischen** den Service der mobilen Garküchen. Ab dem späten Vormittag, auf jeden Fall aber am Nachmittag kommen verschiedene Anbieter zur **Kreuzung Jalan Tembusu/Jalan Cenderawasih** [B4] und verkaufen Reisgerichte, Früchte und ausgesprochen leckere Pfannkuchen mit Erdnüssen.

› Rapid KL Bus: B101, B112 bis Dayabumi Complex, dann zu Fuß; Hop-onhop-off-Bus: Station 14
› Jl. Cenderasari, www.klbutterflypark. com, Tel. 03 26934907, geöffnet: tgl. 9 – 18 Uhr, Eintritt: RM 20, erm. RM 10

⓳ Islamic Arts Museum Malaysia ★★ [B5]

Der Islam in Malaysia und in aller Welt steht im Fokus dieses modernen Museums nahe der Masjid Negara ⓴. Neben einer Dauerausstellung

⌂ *Hoch erhebt sich das Minarett über dem Faltdach der Masjid Negara; im Vordergrund sieht man die Netze des KL Bird Park* ⓱

informieren wechselnde Schauen über alle Themen rund um den Islam, wobei die muslimische Kunst hier eindeutig im Mittelpunkt steht. Gezeigt werden beispielsweise **Schmuck, Textilien, Metall- und Keramikarbeiten** sowie der große Bereich der **islamischen Architektur,** der seinen Ausdruck besonders im Bau von Moscheen findet. Hinzu kommen Schriften, darunter auch alte **Korantexte.** Zum Museum gehören ein **Museumsshop** und ein **Restaurant.**

❯ Hop-on-hop-off-Bus: Station 15; Taxi
❯ Jl. Lembah Perdana, www.iamm.org.my, Tel. 03 22742020, geöffnet: Museum und Shop tgl. 10 – 18 Uhr, Restaurant: Di. – So. 10 – 18 Uhr, Eintritt: RM 14

⓴ Masjid Negara (National Mosque) ★★★ [C5]

Unübersehbar thront die moderne Nationalmoschee Malaysias auf einem Hügel oberhalb der Stadt. Sie wirkt umso beeindruckender, als ihr Minarett ganze 75 m misst.

Schon 1956, also noch vor der Unabhängigkeit des Landes, waren die Muslime in Malaysia der Ansicht, dass man, statt die Staatsreligion in vielen kleinen Moscheen zu praktizieren, eine **große und repräsentative Staatsmoschee** besitzen müsse. Das Ergebnis dieser Überlegungen ist dieses prächtige und große Bauwerk oberhalb der Jalan Kinabalu, das 1965 eingeweiht wurde und in dem bis zu 15.000 Gläubige Platz finden. Masjid Negara ist die wörtliche Übersetzung von „Nationalmoschee" bzw. „Moschee des Staates".

Das 75 m hohe **Minarett** ragt aus einem riesigen **Becken** empor. Neben einer Hauptkuppel, unter der sich der zentrale Gebetsraum befindet, symbolisieren die 48 zusätzlichen Kuppeln die Verbundenheit der malaysischen Muslime mit der großen Moschee in Mekka. Im Gegensatz zu den traditionell eher runden Kuppeln von Moscheen ist die **Hauptkuppel** in 16 Falten gelegt. Umgeben ist die Moschee von einem **großen Garten.** Was Nichtmuslime beim Besuch beachten sollten, findet sich auf S. 80.

❯ Hop-on-hop-off-Bus: Station 16; Rapid KL Bus: B112 bis Dayabumi Complex; Taxi
❯ **Wegbeschreibung:** Ab dem Dayabumi Complex mit dem Hauptpostamt (s. S. 121) gibt es einen Fußweg zur Moschee.
❯ Jl. Perdana, www.masjidnegara.gov.my, Tel. 03 26937784, geöffnet: tgl. außer Fr. 10 – 12 u. 14 – 16, Sa./So. bis 18.30 Uhr, Eintritt frei

Entdeckungen außerhalb des Zentrums

⓵ Thean Hou Temple ★ [dj]

Auf der **Spitze des Robson Hill,** in der Nähe der Mid Valley Megamall (s. S. 33), steht dieser **prächtige chinesische Tempel,** der 1989 erbaut wurde und zu den größten Südostasiens zählt. Unter den zahlreichen Pagodendächern und etlichen **roten Lampions** gibt es verschiedene Schreine. Der größte von ihnen ist der Hauptgottheit **Thean Hou** (Thien Hau, auch bekannt als Mazu) gewidmet, der Namensgeberin des Bauwerkes. Sie ist im taoistisch-buddhistischen Glauben die **Göttin der Meere.**

Der Tempel wird während des **chinesischen Neujahrsfestes** (Chinese New Year, s. S. 56) zum feierlichen Mittelpunkt für die chinesischstämmige Gemeinschaft Kuala Lumpurs.

Außerhalb dieses Events lohnt der Besuch aber ebenso, eröffnet sich doch von hier ein **eindrucksvolles Panorama der Skyline KLs.** Manchmal wird man sogar Zeuge einer der vielen **Hochzeiten**, denn der Tempel ist unter chinesischen Brautpaaren sehr beliebt: Im Marriage Registration Office, dem Standesamt des Tempels, melden sich pro Jahr ca. 5000 heiratswillige Paare an.

› LRT, Monorail: KL Sentral, dann weiter mit dem Taxi
› 65 Persiaran Endah, Robson Hill, Taman Persiaran Desa, www.hainannet.com.my, Tel. 03 22747088, geöffnet: tgl. 8–21 Uhr

㉒ Zoo Negara (National Zoo) ★★ [fh]

Wer sich für die faszinierende **Tierwelt der tropischen Wälder Asiens** interessiert, der sollte einen Besuch im Zoo nicht verpassen. Die ganze Artenvielfalt Malaysias kann der Zoo zwar nicht abbilden, er zeigt aber sehr anschaulich, wie vielfältig und kreativ die Anpassungsleistungen der Tiere an ihre Umwelt sind. Neben den „Klassikern" wie **Elefant, Tiger und Nashorn** sind hier auch viele weitere Tiere zu sehen, die in Südostasien heimisch sind. Da sind vor allem zahlreiche **Affenarten** zu nennen, die uns so nahestehen und uns mit vielen ihrer Verhaltensweisen einen Spiegel vorhalten, aber auch die spannende Welt der Kleinsttiere wie Termiten. Teil des Zoos sind ein **Reptilienhaus** und ein **Aquarium.**

› LRT: Wangsa Maju, dann mit dem Taxi
› Hulu Kelang, Ampang, www.zoonegara malaysia.my, Tel. 03 41083422, geöffnet: tgl. 9–17 Uhr, Eintritt: RM 50, erm. RM 25

㉓ Batu Caves ★★★ [dg]

Schon von Weitem begrüßt den Besucher die imposante, über 40 m hohe goldene Statue des Hindugottes Murugan. In dem eindrucksvollen Höhlensystem, ca. 12 km nördlich des Zentrums, verehren die malaysischen Hindus bereits seit 1892 ihre Gottheiten. Um zu ihnen zu gelangen, müssen aber zunächst mehr als 300 Stufen erklommen werden.

Ursprünglich sammelten die Ureinwohner Malaysias, die **Orang Asli**, in den Höhlen der Kalksteinfelsen Guano (Vogeldünger) und jagten Fledermäuse. Um 1870 wurden die Höhlen von den **Briten** entdeckt. H. C. Syers, Kapitän der Polizei von Selangor, stieß während einer Jagd auf sie. Schon wenige Jahre später wurden die Batu Caves von den in Malaysia lebenden Hindus, **Nachkommen tamilischer Einwanderer**, zur Verehrung verschiedener Gottheiten genutzt, allen voran **Subramaniam (Murugan)**, dem Sohn Shivas. Ihm zu Ehren erbaute man im Inneren der Höhlen den **Sri Subramaniam Temple**, den man erreicht, indem man zunächst 272 Stufen steil nach oben zum eigentlichen Höhleneingang steigt. Dem Gott wird aber bereits am Fuße der Treppe gehuldigt, und zwar mit der gigantischen **Statue von Murugan** (s. S. 16).

In den Bäumen rechts und links der Treppenstufen turnen fast immer die sehr agilen **Javaneraffen**. Doch Vorsicht: Vor allem die männlichen Tiere können gelegentlich ausgesprochen aggressiv werden. Am besten kommt man ihnen nicht zu nahe und hat auch nichts Essbares in den Händen, denn das erregt die Aufmerksamkeit der Affen. Am Höhleneingang angelangt, muss man weitere

073kl Abb.: fotolia.com © Friday

42 Stufen erklimmen, um zur **Haupt-höhle** zu kommen, die von **mehreren kleinen Höhlen** flankiert wird. Die knapp 200 m lange und bis zu 100 m hohe Höhle wird durch **Löcher in der Decke** beleuchtet. Im Höhlensystem befindet sich das Heiligtum der Hindus Malaysias. Überall sieht man größere und kleinere **Schreine**. Stellenweise ist die Höhlendecke schon vor Jahrtausenden eingebrochen, sodass man statt in einer echten Höhle eher in einer Art Kessel steht. Eigentümlich ist der strenge Geruch, der vom Dung der Fledermäuse und Seglervögel stammt. Diese Tiere sind zwar infolge der vielen Besucher in den Haupthöhlen selten geworden,

in den kleineren Höhlen, die man im Rahmen von **geführten Touren** (Dark Cave, s. unten) erkunden kann, aber noch sehr häufig. Nach dem Besuch der Höhlen belohnt ein **herrlicher Ausblick** über die Region für den schweißtreibenden Aufstieg.

Alljährlich zum **Thaipusam-Fest** (s. S. 56) versammeln sich bis zu 1 Mio. Tamilen um die Batu Caves, um Murugan zu ehren. Dazu werden z. T. **martialische Rituale** durchgeführt. So tragen die Gläubigen zentnerschwere *Kavadis*, riesige Eisen-

⌃ *Heilige Höhlenwelt:*
die eindrucksvollen Batu Caves

Entdeckungen außerhalb des Zentrums

037 KI Abb.: ho

gestelle mit Pfauenfedern, die mit großen Haken an Brust, Bauch und Rücken an der Haut befestigt werden; sie spießen sich allerlei Spitzes durch Wangen und Lippen, um so göttliche Gnade und Hilfe zu erbitten.

In den 1970er- und 1980er-Jahren stand das Schicksal der Höhlen zur Disposition, denn in der umliegenden Gegend begannen Firmen, **Steinbrüche** zu eröffnen und **Sprengungen** durchzuführen. Anfang der 1980er-Jahre führte dies zur Schließung der Höhlen, deren Statik nicht mehr gesichert war. Die malaysische Regierung erhörte jedoch die nationalen und internationalen Proteste und die Steinbrüche mussten auf weitere Sprengungen verzichten.

Neben den frei zugänglichen Höhlen lassen sich in der sogenannten **Cave Villa** besonders schöne Schreine und Felsmalereien besichtigen, was allerdings Eintritt kostet.

⌂ *Javaneraffen tummeln sich rund um die Batu Caves – und sind stets auf der Suche nach Essbarem!*

Am Fuße des Felsens gibt es zahlreiche **indische Restaurants,** in denen man neben gut gekühlten Getränken auch leckere Gerichte erhält, z. B. *rotis* (s. S. 39) mit Curry.

❯ KTM Komuter: ab KL Sentral bis Batu Caves; Taxi; Fahrtdauer: ca. 30 Min.

❯ Jl. Batu Caves, www.batucavesmuruga. org, Tel. 03 22879422, geöffnet: tgl. 6–21 Uhr, Eintritt: **Höhlen** frei, **Cave Villa** RM 25

❯ **Geführte Touren,** buchbar bei Dark Cave, www.darkcavemalaysia.com, **Educational Tour** Di.–Fr. 10–17, Sa./So. 10.30–17.30 Uhr, Kosten: RM 35; Ticketkauf am Höhleneingang; **Adventure Tour** nur am Wochenende, Anmeldung mind. 1 Wo. vorher, Equipment muss man teilweise selbst mitbringen, Kosten: RM 80

24 **FRIM (Forest Research Institute of Malaysia)** ★★★ [bg]

Spaziergänge im Dschungel, im botanischen Garten und in luftiger Höhe inmitten der Baumwipfel – im FRIM erhält man aufschlussreiche Einblicke in das Ökosystem Regenwald.

Bis in das erste Jahrzehnt des 20. Jh. nutzte man den Wald im Gebiet rund um das heutige FRIM zur **Produktion von Bauholz.** Als Ergebnis blieb eine vollständig gerodete Fläche zurück, auf der die Bauern später versuchten, Obst und Gemüse zu züchten. Dies wollte aber nicht so recht gelingen. Denn das Prinzip des Regenwalds besteht in einem raschen Stoffumsatz, sodass sich nur eine dünne Humusschicht bildet – ist jedoch das schützende Blätterdach durch Rodung zerstört, wird der Boden sehr schnell von den Regenfällen weggewaschen und eignet sich nur bedingt für die Landwirtschaft. Gleichwohl wollte man das Gebiet wieder nutzbar machen. Die Lösung

Mitbringsel aus der Zinnfabrik

Mit dem Taxi lässt sich ein spannender **Ausflug zur Zinnfabrik** unternehmen, die nur etwa fünf Minuten von den Batu Caves ㉓ entfernt liegt. Am Eingang bekommt man einen Fruchtsaft im Zinnbecher serviert, der das Getränk besonders lange kühl hält und so zur Erfrischung beiträgt. Eine (sehr) **kleine Ausstellung** informiert über die Themen Zinngewinnung und -verarbeitung. Den größten Teil der Fläche nimmt der **Verkaufsraum** ein, in dem man zahlreiche **Souvenirs** finden kann.

🛒 **92** [cg] **Batu Caves Pewter KL,** 1 Lorong Persuahaan, Taman Persuahaan Kimpal, Batu Caves, Tel. 03 61881989

038kl Abb.: ho

lautete **Wiederaufforstung.** Die Behörden stellten ein etwa 600 ha großes Gebiet unter Schutz, die Bewohner mussten das Areal verlassen und es wurde zunächst sich selbst überlassen. Schon 1985 gründete man hier das FRIM, das gezielt heimische Baumarten des tropischen Regenwaldes anpflanzte.

Der so entstandene **künstlich angelegte Wald** hat sich in den vergangenen Jahren prächtig entwickelt. Seit den 1990er-Jahren forscht das FRIM hier im Rahmen nachhaltiger Waldnutzung und setzt sich für den Erhalt der Urwälder ein, u. a. in Zusammenarbeit mit der deutschen Entwicklungshilfeorganisation GIZ (früher GTZ). Das weitläufige Gelände beherbergt u. a. mehrere **Arboreten** (Baumschulen), einen **Waldlehrpfad** für tropische Fruchtbäume, einen **Bambuswald,** einen **botanischen Garten** für natürliche Arzneipflanzen,

eine Pflanzung tropischer **Edelhölzer** sowie ein **Dipterocarp-Arboretum** – in Letzterem lässt sich der Zweiflügelfruchtbaum, der klassische Regenwaldbaum Malaysias, bewundern.

Neben diesen „Informationspflanzungen" gibt es verschiedene **Wanderwege,** wobei man diese eher als **Dschungelpfade** verstehen sollte. Je nach Länge des Pfads dauert es zwischen 30 Minuten und einer Stunde, diesen abzugehen. Spannend ist ferner der Bereich der **Wetlands,** ein sumpfiges Gebietes mit einer ganz eigenen Flora und Fauna – hier stößt man vor allem auf Insekten und Amphibien, ja vielleicht sogar mal auf eine Schlange.

🔺 *Riesige Brettwurzeln geben den Bäumen im tropischen Regenwald genügend Standvermögen*

Die Formel 1 in Sepang – der Große Preis von Malaysia

*Wer glaubt, Malaysia begeistere sich erst seit Eröffnung des **Sepang International Circuit** ㉖ am Motorsport, der irrt gewaltig. Bereits seit 1968 wurden im Land internationale Rennen ausgetragen. Allerdings fanden diese nicht in Sepang statt, sondern in der Nähe von **Shah Alam,** südöstlich von Kuala Lumpur.*

*Die ursprüngliche Strecke war 3,38 km lang und diente der **Formel 2,** der **Formel Atlantic** und der **Formel Pacific** als Austragungsort. Nahezu alle Rennen wurden hier zwischen Fahrern aus den asiatisch-pazifischen Anrainerstaaten gefahren; häufig gewannen Australier. Internationalen Ruhm erntete der Kurs aber nie, stattdessen geriet er wegen seiner schwierigen Streckenführung, umgeben von Schutzmauern, in Verruf. 1977 kam es zu einem **folgenschweren Unfall,** bei dem zahlreiche Zuschauer, darunter auch Kinder, ums Leben kamen. 1985 erweiterte man die Strecke um eine zusätzliche Kurve auf 3,69 km Länge und veranstaltete ein internationales Rennen für Sportwagen, bei dem der Belgier Jacky Ickx und der Deutsche Jochen Mass im Porsche Sieger wurden. Dies konnte jedoch den internationalen Rennzirkus ebenso wenig anlocken wie diverse Weltmeis-*

terschaften für Motorräder. Letztmalig kamen Rennfahrzeuge 1995 zu einem Formel-Holden-Rennen nach Shah Alam, danach wurde der Kurs geschlossen, 2003 geplant und zu einem Baugebiet.

*Parallel arbeitete man bereits am **Formel-1-Kurs in Sepang.** Die neue Strecke wurde **in der Nähe des KLIA** (s. S. 104), des internationalen Flughafens, angelegt, was der Infrastruktur sehr zugutekam. Der Rennkurs ist insgesamt 5,543 km lang, sodass man in 56 Runden 310,408 km zurücklegt. Auf der gesamten Strecke, die normalerweise im Uhrzeigersinn gefahren wird, gibt es insgesamt **zehn Rechts- und fünf Linkskurven.***

*Mit dem ersten Formel-1-Rennen von 1999, dessen Sieger der Ferrari-Fahrer **Eddie Irvine** war, hielt das internationale Motorsportevent Einzug in Malaysia. Es findet seit 2001 **Ende März,** manchmal auch Anfang April statt. Insgesamt dreimal (2000, 2001 und 2004) gewann **Michael Schumacher** mit Ferrari das Rennen. Er fuhr fünfmal auf der Poleposition: in den Jahren seiner Siege, außerdem 1999, als Irvine gewann, sowie 2002, als er den Sieg an seinen **Bruder Ralf** (Williams BMW) abgeben musste. Damit ist Michael Schumacher derzeit noch*

In einem **Informationszentrum** kann man alles Wissenswerte zum Regenwald erfahren und die größte Sammlung wissenschaftlicher Literatur zum Thema Forstwirtschaft in der Region bestaunen. Wer sich nicht selbst mit Getränken und ein paar Snacks ausgerüstet hat, kann dies in der **Cafeteria** nachholen und

Mitgebrachtes hier oder an den Picknickplätzen verzehren. Besonders erlebnisreich für Schwindelfreie ist ein Besuch des **Canopy Walkway,** der auf etwa 170 m Länge in bis zu 30 m Höhe durch die Baumkronen führt. Man geht auf schmalen Brettern, die über Aluleitern liegen, und ist dabei durch gespannte Netze und einen

*Rekordhalter der Strecke, nunmehr aber dicht gefolgt von **Sebastian Vettel** (Red-Bull Renault), der am 24. März 2013 seinen dritten Sieg in Sepang einfuhr. 2014 gewann Lewis Hamilton mit Mercedes. Den Streckenrekord hält **Giancarlo Fisichella**, der die Gesamtdistanz in 1 Std., 30 Min. und 40,529 Sek. zurücklegte.*

*Größtes Problem des Sepang-Kurses ist das **Wetter**, da es im März in Malaysia häufig zu **starken Regenfällen** kommt. So wurde das Rennen 2009 schon in der 32. Runde abgebrochen, da ein sicheres Fahren nahezu unmöglich wurde – bisher war das in der Geschichte der Formel 1 erst fünfmal passiert! Als Sieger wurde der Fahrer benannt, der in der letzten regulären Runde vorn fuhr: **Jenson Button**. Allerdings erhielt er, ebenso wie die Zweit- und Drittplatzierten, nur eine 50 %ige Punktsumme, da noch nicht 75 % der offiziell vorgeschriebenen Runden gefahren worden waren. Besonders ärgerlich: Der **Abbruch des Rennens** wäre eigentlich **vermeidbar** gewesen: Ursprünglich hatte man um 15 Uhr (malaysische Zeit) starten wollen, verschob das Rennen dann jedoch auf 17 Uhr (11 Uhr MEZ), um höhere Zuschauerzahlen in Europa zu erreichen. Bei einem früheren Start wäre der Regen nicht mehr in die Zeit des Rennens gefallen.*

Gurt gesichert, der an ein Führungsseil eingeklinkt wird. Der Baumwipfelpfad ist allerdings nur bei trockenem Wetter zugänglich, d. h. nach einem Regenschauer wartet man mindestens 2 Std. auf eine erneute Öffnung.

Außerdem lassen sich auf dem Gelände zwei **traditionelle malaiische Holzhäuser** besichtigen. Jeweils ohne Nägel und Schrauben gebaut, kann man ein Haus aus der Region Terengganu und eines aus Malakka bestaunen.

> KTM Komuter: bis Kepong, von dort weiter mit dem Taxi, Fahrtdauer: ca. 45 Min.
> Kepong, Selangor Darul Ehsan, www.frim.gov.my, Tel. 03 62797000, geöffnet: Mo.–Fr. 7.30–20.30, Sa./So. 5–19.30 Uhr, Canopy Walkway Di.–Do. u. Sa./So. 9.30–14.30 Uhr (letzte Anmeldung bis 13.30 Uhr), Eintritt: **Gelände** RM 5, **Canopy Walkway** RM 10

25 Putrajaya ★★ [Umgebung]

1995 gründete man ca. 25 km vor den Toren Kuala Lumpurs eine neue Stadt: Putrajaya (etwa „Prinz des Sieges"). Hier befindet sich seither das **Zentrum der Verwaltung** in **monumentalen Gebäuden** entlang planmäßig angelegten Straßen. Überall dazwischen hat man mit Bachläufen, Seen und Grünanlagen versucht, eine möglichst nach Garten aussehende Landschaft zu erschaffen.

Im **Perdana Putra** hat der Premierminister seine Büros und Arbeitsräume; seine Wohnräumlichkeiten befinden sich im **Seri Perdana**, der Staatsresidenz, die man im Rahmen von Führungen besichtigen kann. Beeindruckend ist die riesige, rosafarbene Kuppel der Moschee **Masjid Putra** (s. Infos für den Moscheebesuch S. 80). Die im typisch malaiischen Palast-Stil erbaute Residenz des Königs namens **Istana Melawati** wirkt fast schon filigran. Der König trägt den offiziellen Titel **Yang di-Pertuan Agong**.

Die **Istana Darul Ehsan**, Residenz des Sultans von Selangor, erscheint mit ihren dicken Mauern und dem zentralen Turm fast wie eine Festung oder Trutzburg.

> KLIA Transit: ab KL Sentral bis Putrajaya, Fahrtdauer: ca. 30 Min., Zug fährt ca. alle 20–30 Min.
> Innerhalb von Putrajaya verkehren Busse von Nadi Putra, außerdem Taxis. Putrajaya lässt sich auch mit Fahrrädern erkunden, die man an der Masjid Putra ab RM 4/Std. ausleihen kann.
> **Seri Perdana (Residenz des Premierministers),** Persiaran Seri Perdana, Putrajaya, www.seriperdana.gov.my, Tel. 03 88888200, Besichtigung im Rahmen von Führungen (tgl. 9–15 Uhr), Anmeldung mind. 1 Wo. vorher, Reisepass u. angemessene Kleidung mitbringen

26 Sepang International Circuit ★★★ [Umgebung]

Hierher kommt, wer „Benzin im Blut" hat, hier fühlt man das Formel-1-Fieber, hier erringen die weltbekannten Größen der Autofahrerwelt ihre Triumphe.

Der seit 1999 zur **Formel 1** gehörende Kurs von Sepang (s. S. 100), rund 45 km von KL entfernt, sah schon etliche Siege von den beiden Schumacher-Brüdern oder Sebastian Vettel. Die Rennstrecke wurde von dem deutschen Bauingenieur **Hermann Tilke** aus Aachen geplant und erbaut, der auch für die Strecken in Bahrain, Schanghai und Istanbul sowie für Teile des Nürburgrings verantwortlich zeichnet.

Wer mit der Formel 1 etwas anfangen kann, sollte sich einen Besuch der Rennstrecke nicht entgehen lassen. Man kann an **Führungen** teilnehmen, **Gokart** fahren und sogar selbst in einen **Rennwagen** steigen, um die Strecke allein abzufahren oder sich – noch größerer Thrill – von einem Profi fahren zu lassen.

Neben der Formel 1 findet hier außerdem der **Grand Prix Malaysia** für Motorräder und eine wechselnde Anzahl regionaler Rennen der verschiedensten Fahrzeugklassen statt.

> KTM: Nilai, dann weiter mit dem Omnibus nach Sepang; alternativ mit der Bahn zum Fluhafen KLIA und von dort weiter mit dem Taxi oder direkt mit dem Taxi (beste Option), Fahrtzeit: ca. 1,5 Std. Einen direkten Bus gibt es nur während der Formel-1-Rennen.
> Jl. Pekeliling, KLIA, Selangor Darul Ehsan, www.sepangcircuit.com, Tel. 03 87782222, Führungen: Mo.–Do. 10 u. 14.30, Fr. 10 u. 15 Uhr, Eintritt: Führungen RM 50, mit dem ATV (*all terrain vehicle* bzw. Quad) RM 150, Fahrten im Rennwagen ab RM 1000

Praktische Reisetipps

039Ki Abb.: ho

An- und Rückreise

Mit dem Flugzeug

Von den internationalen Flughäfen in Europa bestehen regelmäßige Verbindungen nach **Kuala Lumpur (KUL)**, teils direkt, teils mit Umsteigeaufenthalten. So fliegen z. B. **Swiss** und **Lufthansa** direkt, während **Austrian Airlines** meist einen Stopp in Bangkok einlegt. **Malaysia Airlines** bietet **Direktverbindungen** von Frankfurt nach Kuala Lumpur an.

Wer den etwa zwölfstündigen Flug unterbrechen möchte, hat die Option, mit einer der **Airlines der Golfstaaten** (Emirates, Etihad Airways oder Qatar Airways) zu fliegen, die darüber hinaus auch vergleichsweise günstig sind. Problemlos ist auch ein mehrtägiger Stopover in Dubai, Abu Dhabi oder Doha möglich. Je nach Saison muss man für den Hin- und Rückflug mit **Preisen** zwischen 700 und 1000 € rechnen. Reisende, die bereits in Asien unterwegs sind, gelangen auch mit der malaysischen Billigfluglinie **Air Asia** nach Kuala Lumpur, etwa aus Bangkok oder Singapur.

Kuala Lumpur
International Airport (KLIA)

Der größte Teil der Besucher landet am internationalen **Flughafen KLIA**. Dieser erst Ende der 1990er-Jahre eröffnete Flughafen ist recht luxuriös und effizient und liegt außerhalb der Stadt, ca. 58 km südwestlich des Zentrums.

● **93 KLIA (Flughafen)**, Selangor, www.klia.com.my, Tel. 03 87778888

Anfang Mai 2014 eröffnete der neue **KLIA 2** als Ersatz für den bisherigen **LCCT (Low Cost Carrier Terminal)**. Als Terminal für Billigfluglinien (allen voran Air Asia) ist er vor allem für Reisende aus den asiatischen Nachbarländern interessant, die etwa mit dem Flugzeug aus Bangkok, Singapur oder Jakarta anreisen möchten.

⌃ *Preiswerte Flüge innerhalb Asiens bietet die malaysische Air Asia*

◁ *Vorseite: Gastronomie gibt es in KL immer und überall – hier eine mobile Garküche im Kofferraum*

Den Jetlag bekämpfen

Die **Zeitverschiebung** (s. S. 124) und das Überfliegen mehrerer Zeitzonen bringt es mit sich, dass viele Reisende unter einer Störung des Tag-Nacht-Rhythmus leiden. Neben **ausreichend Schlaf** ist vor allem eine schnelle **Umstellung auf den neuen Tagesrhythmus** hilfreich. Dazu steht man möglichst früh auf und versucht, den Tag ohne größere Schlafpausen durchzuhalten. Für Südostasien-Neulinge ist das anfangs ziemlich anstrengend, denn neben der Zeitverschiebung wirken sich auch die tropischen Temperaturen und die Luftfeuchtigkeit negativ aus.

Vom Flughafen in die Stadt – und zurück

Wer ins Stadtzentrum von KL möchte, hat die Wahl zwischen **drei verschiedenen Verkehrsmitteln**. Dabei gilt es zu entscheiden, ob man 1. möglichst schnell, 2. möglichst preiswert oder 3. möglichst flexibel fahren möchte.

Im **ersten Fall** nutzt man die **Züge von KLIA Ekspres bzw. KLIA Transit**, die beide von 5 Uhr morgens bis 1 Uhr nachts im 15-bis 30-Minuten-Takt zwischen dem Flughafen und dem Hauptbahnhof KL Sentral (s. S. 106) pendeln. KLIA Ekspres benötigt dabei nonstop 28 Min., KLIA Transit hält zusätzlich an drei Stationen (Salak Tinggi, Putrajaya **㉕** /Cyberjaya und Tasik Selatan) und braucht deshalb insgesamt 35 Min. Für beide Züge kostet die Einzelfahrt RM 35 (Hin- und Rückfahrt: RM 70). Der Vorteil: Man ist stets **stauunabhängig** unterwegs.

> **KLIA Ekspres u. KLIA Transit,**
  www.kliaekspres.com

Im **zweiten Fall** sollte man die **Busse der Linie Airport Coach** nutzen, die ebenfalls zum Hauptbahnhof KL Sentral fahren. Die Haltestellen sind in der International Arrival Hall ausgeschildert. Die Reisebusse benötigen ca. eine Stunde, kosten aber nur RM 10 (einfache Fahrt). Der erste Bus fährt 5.30 Uhr, der letzte 0.30 Uhr.

> **Airport Coach,**
  www.airportcoach.com.my

Die **dritte Option, das Taxi,** sollten alle nutzen, denen Flexibilität am wichtigsten ist. Glücklicherweise braucht man nicht mit den Fahrern zu verhandeln, denn bevor es losgeht, muss man am Taxischalter einen **Coupon** kaufen, der je nach Fahrtziel unterschiedlich teuer ist. Als Richtschnur sei hier der Preis zum Hauptbahnhof KL Sentral genannt, der mit dem **Budget-Taxi** (lokale Automarke, klein) RM 63 und mit dem **Premier-Taxi** (meist Mercedes-Limousine oder Minivan) RM 90 kostet. In jeden Wagen passen bis zu vier Fahrgäste, sodass man sich die Kosten teilen kann. Achtung! Fast alle Budget-Taxis fahren mit Autogas, d. h. sie besitzen im Kofferraum einen großen Gastank und entsprechend weniger Platz für Gepäck. Die Fahrt dauert etwa 45 Min. bis eine Stunde. Allerdings ist dies stark vom Verkehr abhängig, der vor allem in den Morgen- und Nachmittagsstunden sehr zähflüssig sein kann. Wer mit mehr Personen anreist, kann die sogenannten **Family-Vans** nutzen, die bis zu neun Personen befördern, allerdings auch mit eingeschränktem Kofferraumplatz.

Für die **Rückfahrt** hat man ab KL Sentral wieder die Möglichkeit, entweder mit dem KLIA Ekspres oder mit dem Bus zu fahren. Taxis zum Flughafen findet man überall in der Stadt.

Eastern & Oriental Express
Reisen wie in der Kolonialzeit! Wer sich einmal etwas gönnen möchte und sich dies auch leisten kann, der kann sich bei einer Fahrt mit dem Eastern & Oriental Express auf eine **unvergessliche (Zeit-)Reise** begeben. Man steigt entweder in **Bangkok oder Singapur** zu und fährt in drei bis vier Tagen zum entgegengesetzten Ort. **Kuala Lumpur** liegt in jedem Fall auf der Strecke. Bei dieser Fahrt hält der Zug allerdings nicht am „normalen" Hauptbahnhof KL Sentral, sondern am sehr malerischen alten Hauptbahnhof der Stadt, der heutigen Stesen Keretapi KL (KL Railway Station) ❶.

❯ **Weitere Infos:** www.easternand orientalexpress.com

Mit der Bahn

Aus Singapur gelangt man auch mit der Bahn nach KL (Fahrtzeit: ca. 8 Std.). Die Züge kosten ca. 40 S$ (ca. RM 75). Endstation in KL ist der **Hauptbahnhof KL Sentral:**
●94 [B7] **KL Sentral (Hauptbahnhof),**
  Jl. Stesen Sentral, www.klsentral.com. my, Tel. 03 22671200

Mit dem Bus

Ab Singapur oder Thailand fahren regelmäßig Expressbusse nach KL. Ab Kota Bharu (malaysische Grenzstadt zu Thailand) muss man mit rund RM 40 rechnen (Fahrtzeit: ca. 9 Std.), ab Singapur mit etwa 30 S$ (ca. RM 65, Fahrtzeit: ca. 5 Std.).

Ankunftsort ist jeweils der Busbahnhof **Pudu Sentral (ehemals Puduraya)** im Zentrum KLs nahe Chinatown – von hier aus erhält man An-

schluss an Stadtbusse, kann lokale Taxis nutzen und auf das Bahnsystem umsteigen:
●95 [E4] **Pudu Sentral (Busbahnhof),**
  Jl. Pudu, Tel 03 20786018

Mit dem Schiff

Viele **Kreuzfahrtschiffe** legen in **Port Klang**, KLs Hafen, an, der etwa 40 km südwestlich der Stadt liegt. Von hier aus starten meist organisierte Touren in die Stadt. Selbstverständlich kann man auch den Shuttle-Service der am Hafen wartenden Taxis nutzen, allerdings verlangen die Fahrer dann meist absolute Fantasiepreise, denn Kreuzfahrtgäste gelten als vermögend und willig, jeden Preis zu zahlen. Vom Hafen in die Stadt muss man mit einer **Fahrzeit von etwa 35 Min.** rechnen, natürlich abhängig vom Verkehr.

Ausrüstung und Kleidung

In **bequemen Schuhen** lassen sich längere Stadtwanderungen unbeschadet überstehen. Sandalen sind luftig, mit Flip-Flops kann man zur Not auch duschen.

Schnell trocknende, bequeme lange Hosen, knielange Kleider und Röcke sowie lockere Hemden und Shirts sind bei den **tropischen Temperaturen** gute Reisebegleiter – dies gilt vor allem für Besuche in Moscheen und Tempeln (s. Infos für den Moscheebesuch S. 80 und Verhaltenstipps S. 126). Für die häufigen abendlichen Regenschauer sollte man einen **Regenschirm** einpacken.

Grundsätzlich ist Kuala Lumpur keine Stadt für den Badetourismus. Dies bedeutet aber nicht, dass Schwimmen und Sonnenbaden hier gänzlich unmöglich sind. Fast alle großen Hotels besitzen einen Swimmingpool, sodass **Badebekleidung** unbedingt ins Gepäck gehört.

An kühleren Abenden und in den meisten Shoppingmalls empfehlen sich wegen der **rigoros kalten Klimaanlagen** ein dünner Pullover oder eine leichte Jacke und warme Socken. Beim abendlichen Ausgehen in Klubs sollte man auf das Schuhwerk achten: Sportschuhe sind tabu!

Autofahren

Verkehrssituation und Verkehrsregeln

Grundsätzlich eignet sich Malaysia vorzüglich für individuelle Touren mit dem Mietwagen. Allerdings bildet Kuala Lumpur eine Ausnahme. Wie in jeder Großstadt ist der **Verkehr** hier **sehr dicht**; zu den Stoßzeiten geht auf den mehrspurigen Straßen häufig gar nichts mehr. Selbst bei guten Verkehrsbedingungen ist das **Straßennetz** KLs für den Ortsunkundigen oft **undurchschaubar**. Häufig fehlen **Parkmöglichkeiten;** ausreichenden Parkraum gibt es eigentlich nur in der Nähe der großen Hotels (meist sehr teuer) und in den Shoppingmalls. Diese lassen sich wiederum sehr gut mit den öffentlichen Verkehrsmittel LRT, Monorail und KTM (s. S. 128) erreichen. Und für alles andere nutzt man am besten das Taxi (s. S. 129).

In Malaysia herrscht **Linksverkehr**, ein Überbleibsel der britischen Kolonialzeit. So muss man sich als Mitteleuropäer erst daran gewöhnen, etwa als Fahrer nicht links, also auf der Beifahrerseite, einzusteigen und rechts, anstatt links, zu überholen.

Vorsicht ist besonders bei der Einfahrt in einen **Kreisverkehr** geboten. Fahrzeuge, die sich bereits darin befinden (also von rechts kommen!), haben stets Vorfahrt.

Die Polizei kontrolliert neben **Geschwindigkeitsverstößen** (meist mit Laserpistole) vor allem die **Anschnallpflicht** und kassiert bei Verstößen empfindliche Bußgelder von RM 200 und mehr. Abends und nachts kommt es immer wieder zu Alkohol- und Drogenkontrollen (Details s. S. 111). Sollte man in eine Kontrolle geraten, ist Freundlichkeit geboten; man sollte alle geforderten Papiere vorzeigen. Die **Promillegrenze** liegt bei 0,8. Innerhalb von KL beträgt die **Höchstgeschwindigkeit** meist 50 km/h (sonst 60 km/h), außerorts 90 km/h und auf den Highways 110 km/h.

Problematisch ist häufig die **Fahrweise der anderen Verkehrsteilnehmer**, die Spuren nach Gutdünken

⌂ *Viele KLer sind im Zentrum der Stadt mit dem Moped unterwegs*

wechseln, unvermittelt Gas geben, plötzlich abbremsen oder sehr dicht auffahren und sich, kurz gesagt, so verhalten, wie man es in Europa nicht gewohnt ist. Man sollte sich darauf einstellen, dass entgegenkommende, überholende Fahrzeuge den Überholvorgang nicht abbrechen, sondern vielmehr davon ausgehen, dass der andere ausweicht. Viele **Motorradfahrer** schalten abends ihr Licht nicht ein

Breite, oft überfüllte Straßen durchziehen das Stadtgebiet; über ihnen verläuft die Trasse der Hochbahn LRT bzw. Monorail

und fahren mitunter auf der falschen Straßenseite, dann aber meist auf dem Randstreifen.

Auf **liegen gebliebene Autos** weisen keine Warndreiecke hin, stattdessen signalisiert ein abgerissener Ast ein Hindernis. Folgt man einem Fahrzeug, das plötzlich ohne Grund rechts blinkt, so bedeutet dies: **Achtung, nicht überholen!** Blinkt es stattdessen links, kann man mit Vorsicht überholen. Fährt ein Wagen mit **aufgeblendetem Licht**, so will der Fahrer signalisieren, dass er „rücksichtslos" fährt. Dies ist zwar nicht nett, besser fügt man sich aber trotzdem. Insgesamt empfiehlt es sich, auf den Straßen stets achtsam und defensiv fahren.

Auf der Autobahn (*expressway bzw. Lebuhraya*) ist eine **Maut** zu zahlen. Meist befindet sich die Zahlstation (*toll plaza*) an den Ausfahrten,

Wichtige Verkehrsschilder

Nur wenige Schilder entsprechen nicht der internationalen Norm. So weisen z. B. ein Wasserbüffel oder ein Elefant auf **Wildwechsel** hin. Ein gelber Rhombus mit neun roten Leuchtzeichen bedeutet „Achtung"; eine Schlangenlinie mit darüber abgebildetem Totenschädel steht für „gefährliche Kurve". Die folgende Auflistung hilft beim Verständnis der **wichtigsten malaiischen Schilder:**

Awas	Achtung
Berhenti	Stopp
Beri Laluan	Vorfahrt beachten
Hati Hati	Vorsicht
Ikut Kiri	Links halten
Jalan Mati	Sackgasse
Jalan Sehala	Einbahnstraße
Kawasan Kemalangan	Unfallgefahr
Kurangkan Laju	Geschwindigkeit vermindern
Pusat Bandar	Stadtzentrum
Utara	Norden
Timor	Osten
Selatan	Süden
Barat	Westen

manchmal auch am Ende gebührenpflichtiger Abschnitte. Man zahlt in bar oder mit Kreditkarte.

Kraftstoff ist vergleichsweise günstig: Diesel *(diesel)* kostet etwa RM 1,80/l, Benzin *(petrol/gasolin)* RM 1,90/l bzw. RM 2,70/l (für 95 bzw. 97 Oktan).

Mietwagen

Wer unbedingt ein Auto mieten möchte, für den sollten das geschilderte Verkehrschaos auf KLs Straßen und der Linksverkehr kein Hindernis darstellen. Allerdings ist es ratsam, in einem Hotel am Stadtrand zu wohnen und sich das Fahrzeug dorthin liefern lassen. So kann man die Stadt schnell verlassen und auf den gut ausgebauten Highways üben.

Fündig wird man bei den zahlreichen **Mietwagenagenturen.** In der Regel sind die Fahrzeuge der **internationalen Ketten** wie Avis (www.avis.com), Europcar (www.europcar.com.my) oder Thrifty (www.thrifty.com) gut gewartet und gepflegt und somit zuverlässig. Aufgrund eines weitreichenden Filialnetzes eignen sie sich auch gut für Einwegmieten (von Stadt zu Stadt, z. B. wenn man einen Ausflug von KL nach Singapur plant) – und bei technischen Problemen findet man schnell einen Ansprechpartner. Am besten bucht man bereits **von daheim aus.** Sollte eine gebuchte Fahrzeugkategorie vor Ort nicht vorrätig sein, gibt es in der Regel ein kostenfreies Upgrade. Entscheidet man sich spontan, kann man auch **lokale Anbieter** nutzen, die allerdings selten ein Partnernetz besitzen, sodass Einwegmieten entweder unmöglich oder extrem teuer sind. Kleinstwagen kosten ab etwa 28 €/Tag, für längere Strecken empfiehlt sich ein Mittelklassefahrzeug, das mit rund 48 €/Tag zu Buche schlägt.

Barrierefreies Reisen

Kuala Lumpur ist, wie ganz Malaysia, für Menschen mit Behinderungen ein eher **problematisches Reiseziel: Bürgersteige** sind oft sehr schmal und in schlechtem Zustand, Fahrbahnen sind nur im Laufschritt zu überqueren und es fehlen weitgehend behindertengerechte Einrichtungen wie z. B.

barrierefreie **Toiletten.** Ampeln geben zwar manchmal **akustische Signale,** oft ist es jedoch in der Umgebung so laut, dass man das Geräusch schwerlich hört oder kaum orten kann, welche Kreuzung nun gefahrlos zu überqueren ist. Andererseits gibt es an vielen Bahnhöfen und auf etlichen Gehwegen **Orientierungshilfen für sehbehinderte Menschen.** Am ehesten stößt man in den großen **internationalen Hotels** und den neuesten **Einkaufszentren** auf barrierefreie Einrichtungen.

Weiterreichende Infos zum Thema Barrierefreiheit erhält man bei den folgenden **Institutionen:**

ℹ **96** [bj] **Malaysian Confederation of the Disabled,** 1-2-2 Tingkat 2, Block G, Diamond Square Commercial Centre, Jl. 1/50, off Jl. Gombak, www.mcdmy. org, Tel. 03 4031 8038

ℹ **97** [B7] **Malaysian Association for the Blind (MAB),** Kompleks MAB, Jl. Tebing, off Jl. Tun Sambanthan 4, Brickfields, www.mab.org.my, Tel. 03 22722677

Diplomatische Vertretungen

● **98** [I2] **Deutsche Botschaft,** 26th Floor Menara Tan & Tan, 207 Jl. Tun Razak, www.kuala-lumpur.diplo.de, Tel. 03 21709666 (in dringenden Notfällen: 012 326970), geöffnet: Mo.–Fr. 9–11.30, Do. auch 13–14.30 Uhr

● **99** [F3] **Österreichische Botschaft,** Wisma Goldhill, Suite 10.1-2, Level 10, 67 Jl. Raja Chulan, www.bmeia. gv.at/botschaft/kuala-lumpur, Tel. 03 20578969, geöffnet: Mo.–Fr. 9–12 Uhr

● **100** [J2] **Schweizer Botschaft,** 16 Persiaran Madge, www.eda.admin.ch (unter „Vertretungen"/"Asien"), Tel. 03 2148-0622/-0751. Hier werden derzeit keine konsularischen Anfragen bearbeitet. In solchen Fällen ist das Konsularzentrum in Bangkok (Thailand) zuständig: Regional Consular Center, c/o Embassy of Switzerland, 35 North Wireless Road, Bangkok, Thailand, Tel. +66 26746900. Alternativ gibt es eine 24-Stunden-Hotline unter Tel. +41 800247365.

Ein- und Ausreisebestimmungen

Die Einreise nach Malaysia ist für EU-Bürger und Schweizer Staatsbürger relativ unkompliziert, da sie **kein Visum** benötigen. Man erhält bei der Einreise automatisch eine **Aufenthaltsgenehmigung für drei Monate (90 Tage)** ohne Arbeitserlaubnis. Dazu muss ein noch mindestens sechs Monate über das Einreisedatum gültiger Reisepass vorliegen. Eine Verlängerung ist später um einen Monat möglich. Seit 2012 berechtigt ein Eintrag im Reisepass der Eltern **Kinder** nicht mehr zum Grenzübertritt. Somit müssen alle Kinder ab Geburt bei Reisen ins Ausland über ein **eigenes Reisedokument** verfügen. Bei der Einreise werden die Fingerabdrücke gespeichert.

Zoll

Reisende dürfen **Gegenstände des persönlichen Bedarfs** zollfrei einführen; 200 Zigaretten oder 50 Zigarren oder 225 g Tabak, 1 l alkoholische Getränke sowie Kosmetika zum Eigenbedarf gehören dazu. Theoretisch kann eine Kaution für Kameras oder Laptops verlangt werden, dies ist aber nicht gängige Praxis. Verboten ist die Einfuhr von Pornografie, Stichwaffen, Schusswaffen und Drogen (s. Extrainfo oben). Vorsicht ist bei **verschreibungspflichtigen Medikamenten** geboten – man sollte sich im Vorfeld erkundigen, ob diese unter die Drogenbestimmung fallen. Grundsätzlich können Zollbeamte bei der Einreise Kameras und Speicherkarten auf **pornografisches Material** prüfen. Praktisch kommt dies fast nie vor; sollte doch etwas gefunden werden, gibt es großen Ärger! In Malaysia dürfen **Devisen** in jeder Menge ein- und ausgeführt werden, allerdings gilt eine Deklarationspflicht für Mengen über 10.000 US$.

❯ Nähere und stets aktuelle Infos: www.zoll.de, www.auswaertiges-amt.de

Elektrizität

Die **Spannung** beträgt 220 V/50 Hz. Man benötigt **Adapter**, da die Steckdosen mit einem dritten Erdungspol ausgerüstet sind. Diese Adapter kann man in guten Hotels ausleihen, besser ist es aber, immer einen eigenen Universaladapter mitzuführen.

Film und Foto

Grundsätzlich kann man überall filmen und fotografieren, es sei denn, es ist erkennbar verboten. Dies gilt z. B. am **Flughafen**, in **Regierungsgebäuden** sowie vor **militärischen Einrichtungen**. Fotografiert man Menschen, sollte man die Regeln der Höflichkeit beachten und sie um Erlaubnis fragen *(„Boleh?")*. Dies gilt ganz besonders an und in religiösen Stätten (s. Verhaltenstipps S. 126).

Geldfragen

Währung und Zahlungsmittel

Die Währung Malaysias ist der **Ringgit (RM, MYR)**, der in **100 Sen** unterteilt ist. Die Banknoten gibt es in Stückelungen zu RM 1, RM 5, RM 10, RM 20 und RM 100, Münzen zu 5, 10, 20 und 50 Sen.

In größeren Städten wie KL gibt es **lizensierte Geldwechsler** (sie werben mit *licensed money changer),* die problemlos Geld und Reiseschecks wechseln. In **Banken** ist dies ebenso möglich, allerdings werden dort

044 ki Abb.: ho

◁ *Werbung einer lizensierten Geldwechselstube im Zentrum KLs*

Kuala Lumpur preiswert

› Wer für seine **Unterkunft** möglichst wenig Geld ausgeben möchte, kann z. B. im **Grocer's Inn** (s. S. 125) für RM 15 pro Nacht (ca. 3,50 €) ein Schlafsaalbett mieten. Noch preiswerter geht dies im **Backpacker's Travellers Inn** (s. S. 125) für nur RM 12 pro Nacht (ca. 2,60 €).

› Möchte man **preiswert essen,** bietet sich der Besuch eines **indischen Lokals** (s. Empfehlungen auf S. 43) an. Hier gibt es z. B. „roti canai", eine Art dünnes Fladenbrot, serviert mit vegetarischem Curry, für rund RM 1,50-3 (ca. 0,50 €). Dazu ein kräftiger Tee für RM 1 und schon hat man eine schmackhafte Zwischenmahlzeit, die den Geldbeutel nicht belastet.

071kl Abb.: ho

› Die meisten zentralen Sehenswürdigkeiten in KL lassen sich einfach zu Fuß erreichen - sollte die eine oder andere doch einmal etwas abgelegener sein oder es sehr stark regnen, fährt man mit der **Hoch- und U-Bahn** (LRT oder Monorail, s. S. 128) für RM 1 bis maximal RM 5,20 durch die gesamte Stadt. Noch günstiger und vor allem bequemer ist es, wenn man sich eine aufladbare **MyRapid Card** (Details s. S. 128) besorgt. Dies lohnt sich aber nur für längere Aufenthalte.

› **Kostenlos** sind die **zwei Busse von GoKL** nutzbar, die das Stadtzentrum auf zwei Routen durchqueren (grün: ab KLCC, violett: ab Central Market ❼). Beide Busse fahren Richtung Bukit Bintang, halten an 15 bzw. 18 Stopps und sogar ein Übergang auf die jeweils andere Linie ist gewährleistet. Sie verkehren ungefähr im 30-Minuten-Takt. Vor dem Einsteigen achte man auf die Anzeige „Free Bus". Eine PDF-Version der Routen lässt sich unter http://www.spad.gov.my/sites/default/files/goklmapmar2014.pdf herunterladen.

› **Umsonst** lässt sich der **Perdana Botanical Garden** ⓯ besuchen, ebenso wie die abendlich stattfindenden Illuminationen mit Musik und Wasserfontänen am **Simfoni Lake** hinter den **Petronas Twin Towers** ⓬. Und wer sich statt des ganzen **Muzium Negara** ⓮ mit der Ausstellung im **Museumsgarten** zufrieden geben mag, kann diesen ebenfalls kostenlos besuchen.

◁ Kostenlose Pracht: flanieren im Perdana Botanical Garden

manchmal höhere Gebühren erhoben. Zudem muss man hier häufiger warten. Die international bekannten **Kreditkarten** (Mastercard, Visa etc.) werden in größeren Hotels, gehobenen Restaurants und etablierten Geschäften als Zahlungsmittel akzeptiert.

Am einfachsten bekommt man sein Geld am **Geldautomaten (ATM)** mit der **Maestro-/EC-Karte.** Dabei entstehen, je nach heimischem Kreditinstitut, verschieden hohe Gebühren, die man am besten vor der Abreise erfragt. Will man die Gebühren klein halten, empfiehlt es sich, seltener, dafür aber größere Summen abzuheben.

Einige deutsche Banken (v. a. die Postbank) statten ihre Geldkarten nicht mehr mit der Maestro-, sondern der **Bezahlfunktion „V-Pay"** aus, bei der nicht der kopierbare Magnetstreifen, sondern der Chip gelesen wird. Das hat zur Folge, dass an Bankautomaten außerhalb der EU mit der V-Pay-Karte kein Geld gezogen werden kann, da die Automaten die Chips nicht lesen können.

❯ Weitere Infos unter www.vpay.de

Preise und Kosten

Im **Vergleich zu anderen Ländern Südostasiens** ist Malaysia ein eher teures Reiseland. In der Hauptstadt Kuala Lumpur sind die Kosten wiederum höher als im Rest des Landes. **Verglichen mit Europa** ist allerdings so gut wie alles preiswerter, vieles sogar deutlich günstiger. Sogar wer im **Luxushotel** wohnt, zahlt in der Regel viel weniger als in vergleichbaren Häusern in Europa; teuer sind hier lediglich die hoteleigenen Restaurants. Geht man in **regionalen Lokalen** essen, speist man ausgespro-

Wechselkurs

1 RM	0,22 €/0,27 sFR
1 €	4,49 RM
1 sFR	3,69 RM

(Stand: Mai 2014)
Aktuelle Kursangaben finden sich
z. B. bei www.oanda.com.

chen günstig; nur in internationalen Häusern mit westlicher Küche entsprechen die Preise denen daheim. Die **Eintrittspreise** für Museen und Sehenswürdigkeiten sind günstig und **Einkäufe** lohnen sich selbst bei Markenprodukten. Preiswert sind auch alle **Transportmittel.** Nur Bier, Wein und andere **alkoholische Getränke** sind teurer als in Europa, denn sie müssen erst importiert werden. Richtig teuer sind hochprozentige Spirituosen – vor allem weil Malaysia ein muslimisches Land ist und der Markt hierfür nicht so groß ist.

Gesundheitsvorsorge

Eine **gut bestückte Reiseapotheke** ist essenziell, wobei regelmäßig benötigte Medikamente unbedingt in ausreichender Menge mitgeführt werden sollten. Handelt es sich um **verschreibungspflichtige Präparate** (z. B. Schlaf- oder starke Schmerzmittel), ist es ratsam, vor der Einreise zu klären, ob eventuell eine ärztliche Verordnung notwendig ist, denn es gibt Medikamente, die in Malaysia unter die Drogenbestimmungen fallen (Details s. S. 111). In jedem Fall gehören Mittel gegen Durchfall, Erbrechen, Kopfschmerzen, Fieber und allergische Reaktionen ins Gepäck. Hilf-

Hygiene

Das malaysische Hockklo
Westliche Toiletten findet man nicht überall in Malaysia. In großen Hotels und Einkaufszentren gibt es sie zwar, deutlich weiter verbreitet sind aber die sogenannten **Hockklos:** Zwei geriffelte, rutschfeste Keramiktritte sind rechts und links eines Loches im Boden angeordnet, über das sich der Benutzer hockt. Dies ist zwar gewöhnungsbedürftig, dafür aber auch hygienischer als andere Toiletten, da jeglicher Kontakt mit Brille oder Schüssel vermieden wird. Häufig steht **kein Toilettenpapier** zur Verfügung und wenn, dann ist es derart dünn, dass man fast ganz darauf verzichten könnte. Statt Papier verwendet man die **linke Hand zur Reinigung** (die gilt im Islam und auch im Hinduismus als unrein!) und säubert sie anschließend mit Wasser. Hierzu ist häufig ein Wasserkran, oft mit kurzem Schlauch, manchmal sogar mit kleinem Brausekopf angebracht. Der fehlt auch nur selten in westlichen Toiletten. Gespült wird manchmal auch mit einer **Schöpfkelle** – dann steht ein **Eimer Wasser** neben der Toilette.

reich sind zudem Desinfektionsmittel, Pflaster, Nasenspray und Hustenmittel. Allerdings kann man viele Medikamente in den **Apotheken vor Ort** (s. S. 118) recht preiswert kaufen.

Natürlich sollte auch ein **ausreichender Impfschutz** vorhanden sein, der mindestens Tetanus, Diphtherie, Polio und Hepatitis A umfassen muss. Ob man sich gegen Hepatitis B, Cholera, Typhus oder Japanische Encephalitis impfen lässt, sollte man mit seinem Arzt oder besser einem Tropenmediziner besprechen.

Bei der Einreise nach Malaysia aus Europa gibt es keinerlei Impfvorschriften, es sei denn, man war innerhalb der letzten sechs Tage vor der Ankunft in **Afrika oder Südamerika.** In diesem Fall muss der **Nachweis einer Gelbfieberimpfung** erbracht werden.

Viele tropische Krankheiten konnten in den letzten Jahren erfolgreich bekämpft werden. **Malaria** ist zunehmend seltener, gleiches gilt für **Denguefieber.** Beide Krankheiten werden von Stechmücken übertragen. Das deutsche Tropeninstitut schätzt die Malariagefahr in ganz West-Malaysia als gering ein; es ist nur in abgelegenen Gebieten erhöht. In Großstädten wie KL ist es besonders gering. Ein **wirksamer Mückenschutz** hilft dennoch bei der Vorbeugung. Ausreichender **Sonnenschutz** ist auch bei bewölktem Himmel notwendig.

Eine weitere, ernst zu nehmende Gefahr geht von allen Säugern (z. B. Hunden, Katzen, Fledermäusen und Affen) aus, denn sie können **Tollwut** übertragen. Hier gilt es, Abstand zu wahren und die Tiere möglichst nicht anzufassen.

Detaillierte Informationen findet man auf der Website der Deutschen Botschaft (www.kuala-lumpur.diplo.de, Menüpunkt „Rechts- und Konsularwesen"/„Tipps zum Leben in Kuala Lumpur").

Hygiene

Während Hygiene in den internationalen Hotels großgeschrieben wird, ist sie andernorts ein Problem. Grundsätzlich gilt: Je einfacher das Quartier, das Restaurant, der Laden, die Mall, desto simpler und meist auch unhygienischer sind die **sanitären Anlagen** (s. „Das malaysische Hockklo", Kasten links). Manchmal spielt die Wasserspülung nicht mit, mitunter gibt es nur eine Schöpfkelle zum Spülen. Oft findet man kein Handwaschbecken. Und an so manchem Handtuch haben sich scheinbar schon Generationen von Menschen die Hände getrocknet.

Ein guter Rat ist es deshalb, stets eine **Packung Papiertaschentücher** dabeizuhaben, denn man kann sie zum Abtrocknen und als Toilettenpapier nutzen. Auch **Feuchttücher** sind empfehlenswert. Bei schmutzigen, nassen Fußböden helfen feste und nicht zu gute Schuhe. In einfachen Unterkünften nutzen empfindliche Menschen gerne **Flip-Flops zum Duschen,** vor allem in Gemeinschaftsduschen.

Leitungswasser kann in KL im Prinzip getrunken werden; wer ganz sicher gehen möchte, nutzt jedoch das überall in Plastikflaschen erhältliche Mineralwasser bzw. das abgekochte Wasser, das man Gästen in einfachen Unterkünften zur Verfügung stellt. Wer sich vor Leitungswasser scheut, sollte auch auf **Eiswürfel im Getränk** verzichten. **Obst** sollte man nie ungewaschen essen.

Informationsquellen

Infostellen zu Hause

> **Malaysia Tourism Promotion Board,** Weissfrauenstr. 12–16, 60311 Frankfurt, www.tourismmalaysia.de, Tel. +49 (0) 69 460923420. Das Büro ist für Deutschland, Österreich und die Schweiz zuständig.

Infostellen in der Stadt

❶101 [F2] **Malaysia Tourism Centre (MaTiC),** 109 Jl. Ampang, LRT: KLCC, Dang Wangi, Monorail: Bukit Nanas,

www.matic.gov.my, Tel. +60 (0)3 9235-4800/-4900, geöffnet: Mo.–Fr. 7.30–17.30, Infoschalter Mo.–Fr. 8–22 Uhr. Informationsbüro für Touristen mit Reisebüro und Reservierungsservice für Hotels, Money Changer, Souvenirshop und Polizeistation (s. S. 120). Außerdem finden kulturelle Veranstaltungen (s. S. 50) statt.

> **Tourism Malaysia im Hauptbahnhof KL Sentral** (s. S. 106), 2. Stock, Arrival Hall, Tel. +60 (0)3 22725823, geöffnet: tgl. 9 –22 Uhr
> **Visitor Service Centre am Flughafen KLIA** (s. S. 104), Main Terminal Building, 3. OG, Tel. +60 (0)3 877656-47/-51, geöffnet: tgl. 24 Std.

⌂ *Koloniales Flair im MaTiC vor den modernen Petronas Twin Towers* **⓬**

EXTRATIPP

Zeitungslektüre auf Deutsch

Internationale Zeitungen bekommt man in aller Regel in den Mittelklasse- und Top-Hotels in der Lobby oder aufs Zimmer geliefert. **Deutschsprachige Zeitungen** gibt es kaum, die einzige Chance ist die Bibliothek des Goethe Instituts:

📖 **102** [J2] **Goethe Institut**, 374 Jl. Tun Razak, Suite 06–07, 6. Stock, Menara See Hoy Chan, LRT: Ampang Park, Tel. 03 21642011, www.goethe.de/kualalumpur, geöffnet: **Bibliothek** tgl. 9–13 u. 14–18, sonst tgl. 9–18 Uhr. Die große Bibliothek verfügt neben deutschen Büchern auch über Zeitschriften und Zeitungen.

Kuala Lumpur im Internet

> **www.visitkl.gov.my:** Die offizielle Website der Stadt ist schön gestaltet und beschäftigt sich – von Anreise bis Veranstaltungen – mit allen Themen, die KL-Reisende interessieren (auf Englisch).

> **www.kuala-lumpur.ws:** informative Website mit zahlreichen Angeboten, die man sofort buchen kann, inkl. Infos zu Gastronomie, Nachtleben, Events etc. (auf Englisch)

> **www.tourism.gov.my:** Die Internetpräsenz des malaysischen Fremdenverkehrsamtes bietet auch wichtige Infos zur Hauptstadt, darunter eine Buchungsfunktion für Hotels und Flüge (auch auf Deutsch).

> **www.vmy2014.com:** Ebenfalls vom Fremdenverkehrsamt, gilt diese Seite vor allem dem touristischen Programm im Visit Malaysia Year 2014. Buchung von Touren und umfangreicher Veranstaltungskalender (auf Englisch).

> **www.kl-post.com.my:** das Magazin der deutschsprachigen Community in KL mit Eindrücken vom Leben in der Stadt (auf Deutsch)

Publikationen und Medien

Weit verbreitet sind die englischsprachigen malaysischen Tageszeitungen **New Straits Times** (www.nst.com.my) und **The Star** (www.thestar.com.my) sowie die in kleinerer Auflage erscheinende **the Sun** (www.thesundaily.my). Die auf Malaiisch, Mandarin und Tamil erscheinenden Tageszeitungen sind für Touristen weniger hilfreich. Die meisten Printmedien gehören regierungsnahen Unternehmen.

Besonders interessant für KL-Reisende sind die monatlich erscheinenden Hefte **Time Out KL** (www.timeoutkl.com) und **Vision KL** (www.visionkl.com), die über Sehenswürdigkeiten und Veranstaltungen in der Stadt informieren sowie Tipps zu Restaurants, Nachtleben und Shopping liefern. In den meisten Hotels erhält man die offiziellen **Informationsbroschüren und Stadtpläne** von Tourism Malaysia (s. Infostellen S. 115).

Internet und Internetcafés

WLAN-Hotspots (WiFi) gibt es so gut wie überall in der Stadt, sie sind jedoch nicht immer ohne Zugangscode nutzbar – diesen muss man dann vor Ort erfragen. In nahezu allen **Cafés und Hotels** hat man kostenlosen WLAN-Zugang. Unter www.wificafespots.com lassen sich Hotspots vor Ort recherchieren. **Internetcafés** sind weit verbreitet.

@**103** [G4] **Asia @ Biz Internet Café,** 118 B Jl. Bukit Bintang, 2. OG, Tel. 03 2145 2293

> **D-cyber Cafe im Sungei Wang Plaza** (s. S. 32), Shop T045

Unsere Literaturtipps

> Carey, Peter: **Mein Leben als Fälschung,** Fischer 2006. In der tropischen Hitze Kuala Lumpurs kommt es zu einem tödlichen Spiel zwischen einem Schriftsteller, der nicht nur eine Geschichte, sondern gleich einen ganzen Autor samt Werk erfunden hat, und einem Fremden, der behauptet, der Erfundene zu sein.

> Hagani, Alfred: **Unter Perlenfischern und Piraten,** Laetitia 2001. Eigentlich ein Kinderbuch, erzählt der Autor die Geschichte eines entführten Jungen, der für Piraten nach Perlen tauchen muss und fliehen kann, so spannend, dass auch bei Erwachsenen Lesevergnügen garantiert ist.

> Homann, Klaudia u. Eberhard: **Malaysia & Singapur Natur und Reise,** NTV 2014. Überall in der Stadt und ihrer Umgebung stößt man auf exotische Pflanzen und Tiere, die in dem reich bebilderten Naturreiseführer ausführlich vorgestellt und beschrieben werden.

> Lat: **Kampung Boy. Ein Frechdachs aus Malaysia,** Horlemann 2008. Der bekannte malaysische Comiczeichner Lat entwickelt hier die lustige, aber auch tiefsinnige Geschichte eines kecken Bengels in den 1950er-Jahren, der in einem typisch malaiischen Dorf (Kampung) aufwächst und dabei den Wandel vom beschaulichen Dorfleben zur fortschreitenden Industrialisierung miterlebt.

> Lutterjohann, Martin: **Malaiisch – Wort für Wort,** Reise Know-How, 2010. Unkomplizierter Sprachführer, der es ausgesprochen schnell ermöglicht, sich überall in der Landessprache zu verständigen.

> Somerset Maugham, William: **Far Eastern Tales,** Vintage 2010. Geschichtsliebhaber werden ihr Vergnügen an den einfühlsam erzählten Kurzgeschichten aus der britischen Kolonialzeit haben. Sie verwickeln den Leser in die Schicksale unterschiedlicher Menschen (nur auf Englisch erhältlich).

Maße und Gewichte

In Malaysia gilt seit etlichen Jahrzehnten das **metrische System.** Dennoch gibt man Entfernungen manchmal noch in Meilen *(miles)* an, z. B. auf alten Schildern oder Meilensteinen. In manchen Fällen findet man den Zusatz *batu,* was das malaiische Wort für Meile ist. Es ist auch in vielen Ortsnamen präsent.

Bei den **Konfektionsgrößen** werden in Malaysia zwar auch die internationnal bekannten Größen XS, S, M, L und XL verwendet, allerdings **fallen** diese vor Ort mitunter deutlich **kleiner aus,** als man das aus der Heimat gewohnt ist, denn Malaysier sind in der Regel zierlicher gebaut. Wer also in Europa eine L trägt, darf in Malaysia bei der Anprobe ruhig mit XL starten. Das gilt auch für **Schuhe,** die zudem häufig in **amerikanischen Größen** (6, 7, 8, ...) angeboten werden.

Medizinische Versorgung

Grundsätzlich ist die medizinische Versorgung in Kuala Lumpur gut. Neben den **staatlichen Krankenhäusern,** die praktisch gratis behandeln, gibt es viele gute **Privatkliniken.** Ihr Vorteil sind relativ kurze Wartezeiten, der Nachteil sind die Kosten, die man zunächst sofort aus eigener Tasche bezahlen muss. Sie sind zwar im Vergleich zu Europa nicht sehr hoch, werden aber von der Auslandsreise-Krankenversicherung nur erstattet, wenn man detaillierte Rechnungen und Behandlungsinformationen in englischer Sprache vorlegt.

Die **Ärzte** und das Pflegepersonal sprechen englisch. In den größeren Krankenhäusern stehen **Fachärzte** verschiedener Fachrichtungen zur Verfügung; viele haben im Ausland studiert. In Krankenhäusern und Kliniken bekommt man die notwendigen Medikamente direkt ausgehändigt.

Benötigt man dringend **Medikamente,** kann aber auf einen Arztbesuch verzichten, erhält man die meisten Mittel **rezeptfrei** in der **Apotheke** *(farmasi).* Apotheken findet man überall im Stadtgebiet, etwa in den meisten Einkaufszentren. Hier eine zentral gelegene Filiale:

> **Guardian Pharmacy im Suria KLCC**
> (s. S. 32), Concourse Level, C21B,
> www.guardian.com.my

Größere Hotels bieten den **Service** „doctor on call", d. h. der Arzt kommt zur Behandlung ins Hotel. Im Zweifelsfall kann man in seiner Unterkunft nachfragen und sich einen zuverlässigen Arzt in der Nähe empfehlen lassen.

Auf der Internetseite der deutschen Botschaft (www.kuala-lumpur.diplo. de, Menüpunkt „Rechts- und Konsularwesen"/„Tipps zum Leben in Kuala Lumpur") findet sich eine kommentierte und regelmäßig aktualisierte **Liste von Krankenhäusern.**

Krankenhäuser

✚**104** [I4] **Prince Court Medical Centre,** 39 Jl. Kia Peng, www.princecourt.com, Tel. 03 21600000 (24-Std.-Hotline). Das Krankenhaus ist unter österreichischer Leitung.

✚**105** [bk] **The Tun Hussein Onn National Eye Hospital,** Lorong Utara B, Seksyen 52, Petaling Jaya, LRT: Asia Jaya, www. thoneh.com, Tel. 03 77181488. Spezialklinik für Augenheilkunde.

Krankenhäuser mit 24-Stunden-Ambulanz

✚**106** [ei] **Gleneagles Kuala Lumpur (GKL),** 282 u. 286 Jl. Ampang, www.gleneagles kl.com.my, Tel. 03 41413000, Notfälle: 03 41413131

✚**107** [di] **Hospital Kuala Lumpur,** Jl. Pahang/Jl. Tun Razak, www.hkl.gov. my, Tel. 03 26155555. Staatliches Krankenhaus.

✚**108** [ck] **Pantai Medical Centre,** 8 Jl. Bukit Pantai, www.pantai.com.my (Menüpunkt „Our Hospitals"), Tel. 03 22960888, Notfälle: 03 22960999

045ki Abb.: ho

◁ *Kuala Lumpur verfügt über eine hohe Dichte an Krankenhäusern*

Mit Kindern unterwegs

Die Bewohner der Hauptstadt sind **ausgesprochen kinderfreundlich.** Eltern und Kinder werden zuvorkommend behandelt, man ist an den kleinen Gästen interessiert und bietet jederzeit seine Hilfe an.

Kinderbekleidung ist überall preiswert erhältlich. Jugendliche finden angesagte Marken zu günstigen Preisen. **Spielzeug** kann man ebenfalls überall kaufen; ob es immer „pädagogisch wertvoll" ist, mag dahingestellt sein. Für ältere Kinder gibt es nahezu überall die neuesten elektronischen Spielereien. In den großen Supermärkten kann man alles kaufen, was Babys, Kleinkinder und Kinder benötigen, insbesondere **Windeln und Babynahrung.**

Allein schon die fremde asiatische Welt wird die meisten Kinder an KL faszinieren. Bunte Tempel, glitzernde Einkaufscenter, die gigantischen **Petronas Twin Towers** ⓬ und die Attraktionen des Fernsehturms **Menara KL** ⓫ sorgen für viel Kurzweil. Je nach Alter des Kindes sind Besuche im **Aquaria KLCC** ⓭ und im **Zoo Negara** ㉒ empfehlenswert. Auch der **Straßenmarkt in der Petaling Street** ⑤ ist ein Highlight für Kids – am besten tagsüber, denn die drangvolle Enge am Abend könnte jüngere Besucher ängstigen. Größere Kinder und Jugendliche finden hier alles, was angesagt ist, zu echten Schnäppchenpreisen. Wenn man schon in der Nähe ist, sollte man unbedingt den hinduistischen **Sri Maha Mariamman Temple** ⑥ besichtigen. Allein schon das Ausziehen der Schuhe ist erlebnisreich, die fremden Gerüche und Klänge tun ihr Übriges. Auch die **Masjid Jamek** ⑧ bietet kleinen Reisenden einen spannenden Einblick in die Religion und Kultur Malaysias.

In den **Batu Caves** ㉓ können sich Kinder beim Treppenaufstieg auspowern, um sodann im Inneren der Höhlen staunend mit offenem Mund zu verweilen.

☑ *Für ältere Kids und Jugendliche besonders spannend: ein Baumwipfelpfad im Dschungel des FRIM* ㉔

Großen Reiz übt der **Regenwald** auf Kinder aus. Da kommt schnell ein wenig Indiana-Jones-Feeling auf. Hier bietet sich der stadtnahe **Bukit Nanas ⑩** an oder ein Besuch im **FRIM ㉔** außerhalb KLs. Tropischen Tieren kommen Kinder auch im **KL Bird Park ⑰** und im **KL Butterfly Park ⑱** näher. Als für Kinder geeignetes Museum empfiehlt sich **Petrosains** (s. S. 53).

Allerdings muss man in einer asiatischen Großstadt wie Kuala Lumpur auch ein wenig mehr auf die Kinder achten als daheim: Der **Straßenverkehr** ist hier erstens ausgesprochen dicht und zweitens fahren die Wagen wegen des Linksverkehrs auf der „falschen" Seite. Dabei ist es durchaus ratsam, ab und zu für Ruhepausen sorgen, damit die Kleinen die Hektik und die vielen Eindrücke verarbeiten können. So ist es ideal, wenn man für eine Reise mit Kindern ein **Hotel mit Pool** (s. Liste S. 126) bucht, sodass auch das **Baden** nicht zu kurz kommt.

Notfälle

Polizei

Polizisten sind im Straßenbild keine Seltenheit. Man kann sie im Notfall direkt ansprechen. Im Zentrum befinden sich zudem mehrere **Dienststellen:**

➤ **109** [ej] Balai Polis Pudu,
  Jl. Pudu, Tel. 03 92850222

Notrufnummern
Polizei und Notarzt:
Tel. 999 (vom Mobiltelefon 112)
Feuerwehr (bomba):
Tel. 994 (vom Mobiltelefon 112)

➤ **110** [D5] Balai Polis Trafic
  (Verkehrspolizei), Jl. Tun H. S. Lee,
  Tel. 03 20719999
➤ **111** [D2] Balai Polis Dang Wangi,
  Jl. Munshi Abdullah, Tel. 03 20702222
➤ **Tourist Police im Malaysia Tourism Centre** (s. S. 115), Tel. 03 92354848, geöffnet: tgl. 24 Std. Die Beamten kümmern sich speziell um die Belange von Touristen.

Kartensperrung

Bei Verlust oder Diebstahl der **Kredit-, Maestro-/EC- oder SIM-Karte** sollte man diese umgehend sperren lassen. Für die Mehrheit der deutschen Karten gilt die folgende **einheitliche Sperrnummer:**

➤ Tel. +49 (0) 116116
➤ Tel. +49 (0) 3040504050
➤ Infos: www.sperr-notruf.de, www.kartensicherheit.de

Ideal ist es, wenn man sich vorsorglich alle Daten seiner Karten (Nummer, Ablaufdatum etc.) gesondert notiert hat, da dies das Verfahren erheblich vereinfacht.

Für Besitzer österreichischer oder Schweizer Karten wird dieser Service vorerst nicht angeboten; sie sollten sich vor der Reise über die jeweiligen Sperrnummern informieren.

Öffnungszeiten

Behörden haben in Malaysia in der Regel Mo.–Fr. 8–16.30 Uhr geöffnet, Sa. bis 12.30 Uhr. **Private Unternehmen** sind normalerweise Mo.–Fr. 9–17 Uhr erreichbar, Sa. ebenfalls bis 12.30 oder 13 Uhr. **Geschäfte** sind im Allgemeinen Mo.–Sa. 10–17 Uhr geöffnet, allerdings öffnen einige auch eher, schließen später oder haben außerdem sonntags geöffnet. **Einkaufszentren** schließen meist um 22 Uhr ihre Pforten. **Banken** sind Mo.–Fr. 9.30–15.30 Uhr geöffnet, Sa. bis 11.30 Uhr. Die **Post** ist Mo.–Fr. 8–16 Uhr, Sa. bis 18.30 Uhr und So. 9–16 Uhr geöffnet.

Post

Postsendungen werden von der **Pos Malaysia** (www.pos.com.my) abgewickelt. **Briefmarken** (malaiisch: *setem,* englisch: *stamps*) erhält man bei Postämtern, in Souvenirshops, Hotels und manchmal auch in Supermärkten an der Kasse.

Das **Porto** für Postkarten und Aerogramme nach Europa beträgt 50 Sen. Luftpostbriefe kosten ab RM 2. Das Porto für Pakete wird, wie in Europa, nach Größe und Gewicht berechnet. Auf der Website von Pos Malaysia befindet sich ein Portokalkulator. Beim **Transportweg** nach Europa sollte man mit drei bis fünf Tagen rechnen. Die **Hauptpost** von Kuala Lumpur nimmt Post und Pakete postlagernd an:

✉ **112** [C5] **Pos Malaysia Headquarters,** Dayabumi Complex, 6. Stock, www.pos.com.my, Tel. 03 22733927, geöffnet: Mo.–Fr. 8.30–20, Sa. bis 17 Uhr (jeden ersten Sa. im Monat geschlossen)

Schwule und Lesben

In Kuala Lumpur sieht man des Öfteren Männer mit Männern oder Frauen mit Frauen händchenhaltend flanieren. Wer dies mit gelebter Homosexualität gleichsetzt, irrt allerdings gewaltig. In Malaysia gilt **Homosexualität als Straftat** („Sodomie"). Sie kann mit bis zu 20 Jahren, in manchen Fäl-

len sogar mit lebenslanger Haft geahndet werden; die malaysischen Gerichte greifen hier rigoros durch. Der bekannte Oppositionspolitiker **Anwar Ibrahim** sieht sich seit Jahren mit Vorwürfen über seine angebliche Homosexualität konfrontiert. Nach diversen Verfahren wurde er schließlich im März 2014 wegen „Sodomie" zu fünf Jahren Haft verurteilt, nachdem ein vorheriger Freispruch des Obersten Gerichts wieder aufgehoben worden war.

Lehrer werden geschult, die sexuelle Orientierung ihrer Schüler zu erkennen. Stellen sie Homosexualität fest oder zumindest die Neigung dazu, sollen entsprechende **Erziehungsmaßnahmen** helfen, den „richtigen Weg" zu finden. Aus diesen Gründen verhält sich die **LGTB-Szene** in Malaysia und auch in der Hauptstadt Kuala Lumpur weitgehend **zurückhaltend.**

Die schwierige Situation zeigt sich zum Beispiel bei den **Unterkünften.** Niemand hat Probleme damit, wenn zwei Männer oder zwei Frauen ein gemeinsames Zimmer nehmen, doch offen gezeigte Sexualität zwischen Männern oder Frauen bricht auch in Hotels Tabus. Ob man angezeigt wird, hängt jeweils von der Situation ab.

Auf den **Internetseiten** www.utopia-asia.com und www.travelgayasia.com findet man zahlreiche Tipps zu Bars, Klubs und gayfreundlichen Unterkünften. Auch die folgenden Adressen sind empfehlenswert:

❯ **Frangipani** (s. S. 47). Besonders freitags trifft sich in dieser angesagten Bar die Gayszene.
❯ **Market Place Restaurant & Lounge** (s. S. 48). Restaurant, Lounge und Klub in einem; vor allem Fr. und Sa. treffen sich hier Schwule aus KL.
❯ **Orange Pekoe Guesthouse** (s. S. 125)
❯ **Travellers Palm Lodge** (s. S. 126)

Sicherheit

Malaysia ist prinzipiell ein **sicheres Reiseland**. Natürlich gibt es Kriminalität, aber Touristen sind davon glücklicherweise meist nicht betroffen. In aller Regel handelt es sich um organisierte Banden, die vor allem im Bereich Drogen und Prostitution tätig sind. Die Hauptstadt **Kuala Lumpur** gilt ebenfalls als **grundsätzlich sichere Stadt**, doch bedeutet „grundsätzlich" eben nicht, dass es keine Kriminalität gegenüber Touristen gäbe.

Am ehesten werden Touristen **Opfer von Dieben**. Vor allem **Taschendiebe** gibt es in KL, ebenso wie in anderen Großstädten weltweit. Sie versuchen meist im dichten Gedränge ihr Glück. Also heißt es, Bargeld und Kreditkarten nah am Körper tragen, am besten in den vorderen Hosentaschen. In Umhängetaschen oder Rucksäcken haben Wertgegenstände, Geld und Papiere nichts verloren.

In den letzten Jahren häufen sich Zeitungsberichte über **Taschendiebstähle von Mopedfahrern**. Folgende **Vorsichtsmaßnahmen** sind ratsam: Tragen Sie Taschen und Rucksäcke möglichst nah am Körper und auf der von der Straße abgewandten Seite, denn gern entreißen Mopedfahrer Taschen im Vorbeifahren. Achten Sie auf die Umgebung und beobachten Sie den Verkehr um sich herum.

Eher selten sind **Überfälle**, obwohl man nachts nie allein unterwegs sein sollte, vor allem nicht mit sichtbaren Wertgegenständen. Sollte man Opfer eines Überfalls werden, hilft Mut nicht weiter; stattdessen ist es besser, dem Angreifer schnell alles zu geben, was er begehrt.

Ein Tourist führt oft mehr Wertvolles bei sich, als er meint. Schmuck, Uhren, Kameras und Bargeld sind vor allem bei Drogenabhängigen begehrt, von denen es auch in Malaysia reichlich gibt. Und das, obwohl der Staat in puncto **Drogen** seit vielen Jahren eine **Null-Toleranz-Politik** betreibt. Hier drohen Gefängnis und Todesstrafe (Details s. S. 111)! Als Reisender sollte man sich also von jeglichen Drogen fernhalten.

Deutlich häufiger wird man als Tourist **Opfer von Trickbetrügern**. Freundliche Menschen kommen auf einen zu, fragen nach dem Woher und Wohin, manchmal wollen sie angeblich nur ihr Englisch aufbessern, und schon ist man in ein Gespräch verwickelt. Wenn offenkundig ist, dass der Tourist ebenso gesellig wie zahlungskräftig ist, kommt meist schnell der Vorschlag, z. B. bei einem „typischen Glücksspiel" zuzuschauen. Aus dem Zuschauen wird ein Mitmachen und logischerweise ein Verlieren. Verschwinden ist oft nicht möglich oder wird zumindest recht rüde zurückgewiesen. Bevor man also einer neuen Bekanntschaft allzu viel Vertrauen schenkt oder gar in unbekannte oder abgelegene Gegenden der Stadt mitgeht, sollte man sich fragen, was sich das Gegenüber davon erhofft. Immer wieder hört man von **Trickbetrügereien mit Tickets**. So weist die Website der Petronas Twin Towers ⓬ ausdrücklich darauf hin, seine Tickets ausschließlich am Schalter in der Eingangshalle zu kaufen. Ebenso kommt es immer wieder einmal vor, dass falsche Busfahrkarten verkauft werden. Also nie auf der Straße ein Ticket kaufen, sondern stets **am Schalter**.

Wird man Opfer einer Straftat, sollte man sofort die **lokale Polizei** informieren (Dienststellen s. S. 120). Oft kennen die Hotelangestellten der eigenen Unterkunft die nächstgelegene Polizeistation. Mit einem **Protokoll** kann man eventuell Schadensersatz von seiner Reisegepäckversicherung erhalten. Bei Verlust oder Diebstahl der Papiere wendet man sich an die jeweilige Botschaft (s. S. 110).

Sprache

Die Amtssprache Malaysias ist **Bahasa Melayu (Malaiisch)**. Daneben ist **Englisch** sehr weit verbreitet, sodass die Verständigung keinerlei Probleme bereiten sollte. Hinzu kommen noch zahlreiche **chinesische und indische Dialekte**.

Wer sich über sein Englisch hinaus mit der einheimischen, vor allem der malaiischen Bevölkerung unterhalten möchte, sollte sich das Bändchen „Malaiisch – Wort für Wort" aus der Kauderwelsch-Reihe von Reise Know-How anschaffen. Bei vielen Gelegenheiten kann man die dort vorgestellten Vokabeln anwenden und wird damit vielerorts auf Sympathie stoßen. Zumindest ein paar Worte Malaiisch zu sprechen, erweist sich zudem als nützlich, wenn man über Preise verhandelt. Dann ist man schnell nicht mehr der ahnungslose *orang putih* (*orang:* „Mensch", *putih:* „weiß"), sondern ein *orang putih*, der sich auskennt – so wird vieles einfacher und manches preiswerter.

Eine kleine Einführung in die malaiische Sprache bietet die **Sprachhilfe** im Anhang (s. S. 132).

Stadttouren

Ideal für eine **Stadtrundfahrt** durch KL ist der **Hop-on-hop-off-Bus**. Die oben offenen Doppeldeckerbusse passieren im gesamten Stadtgebiet etwa 40 Sehenswürdigkeiten und halten an 22 Stationen. Eine 24 Std. gültige Fahrkarte kostet RM 45, erm. RM 24. Man bekommt die Tickets z. B. im Malaysia Tourism Centre (MaTiC, s. S. 115) oder direkt im Bus. Zusteigen kann man etwa an den Haltestellen MaTiC, Menara KL ⑪, Central Market ❼ oder Dataran Merdeka ❷.

❯ **KL Hop-on Hop-off City Tour,** www.myhoponhopoff.com, Tel. 03 92822713 und 1800 885546 (Info-Hotline)

⊡ Sightseeing mit dem offenen Bus: eine entspannte Möglichkeit, Wissenswertes über die Stadt zu „erfahren"

Stadttouren aller Art und Länge kann man zudem über die Website www.visit-malaysia.com (Menüpunkt „Tours"/„Kuala Lumpur Tours") buchen. Je nach Länge kosten die Touren ab ca. RM 100/Person. Wer die Gastronomie von Kuala Lumpur entdecken möchte, dem sei eine **kulinarische Stadtführung** ans Herz gelegt, z. B. vom Anbieter Foodtour Malaysia. Neben verschiedenen Sehenswürdigkeiten liegt der Clou in den kulinarischen Genüssen, die unterwegs getestet werden. Details:

> **Kuala Lumpur Walk Tour,** www.foodtour malaysia.com (Menüpunkt „Packages"), Treffpunkt: Mo.–Fr. 11 Uhr an der LRT-Station Bangsar, Dauer: 3 Std. zu Fuß, Kosten RM 110/Person (inkl. aller Kosten für Essen u. nichtalkoholische Getränke), Mindestteilnehmer: 10 Pers.

Telefonieren

Öffentliche Telefone gibt es im Stadtbild nur noch selten. Sie akzeptieren Münzen zu 10 und 20 Sen sowie Telefonkarten. Diese sind aber nur bei den Fernsprechern des ausgebenden Unternehmens nutzbar: Die Telekom Malaysia (blaue Fernsprecher) gibt die Kadfon-Karte heraus, TIME (orangefarbenen Fernsprecher) die TIME-Kontact-Karte. Die Karten haben einen Wert von 20 bis 100 RM.

Selbstverständlich sind Telefonate oder SMS auch mit dem **eigenen Mobiltelefon** möglich. Am preiswertesten ist es, wenn man sich nach der Ankunft eine **lokale Prepaid-Karte** kauft, um hohe Roaming-Gebühren zu vermeiden – hierfür muss das Telefon jedoch **SIM-Lock-frei** sein. Wählen kann man zwischen den Anbietern Celcom, Maxis oder DiGi. Mit einer solchen Karte telefoniert man

---

> **Vorwahlen**
> > **Malaysia:** 0060
> > **Kuala Lumpur:** 03
> > **Deutschland:** 0049
> > **Österreich:** 0043
> > **Schweiz:** 0041

---

bereits für wenige Sen nach Europa. Alternativ empfiehlt sich das Telefonieren übers Internet, z. B. via Skype oder vom Hotelzimmer aus.

Uhrzeit

In Kuala Lumpur beträgt die **Zeitverschiebung plus sieben Stunden** zur Mitteleuropäischen Zeit (MEZ), d. h. plus sechs Stunden während der europäischen Sommerzeit.

Unterkunft

In Kuala Lumpur gibt es Unterkünfte jeder Preis- und Komfortklasse.

Die **preiswertesten Unterkünfte** bieten meist nur ein Bett und ein Waschbecken im Zimmer; bei den hygienischen Ansprüchen sollte man „flexibel" sein und nicht zu viel erwarten. In aller Regel verfügen die Räume über einen **Ventilator** *(fan)*. Es ist ratsam, zuerst einen Blick ins Zimmer zu werfen, bevor man es mietet. Oft mangelt es nicht an Sauberkeit, aber im feuchtwarmen Klima gedeihen allerlei Keime und Pilze und hinterlassen ihren charakteristischen Geruch.

In allen anderen Preiskategorien gehört eine **Klimaanlage** *(air conditioning,* kurz AC) zum Zimmer, oft zusätzlich ein Ventilator. Je höher der Preis, desto sauberer ist das Zimmer. In den teuersten Kategorien gehören ein Kühlschrank, eine Mini-bar sowie ein TV-Gerät zur Standard-ausstattung. Ab der **Mittelklasse** ist meist ein Restaurant angeschlossen, zumindest für das Frühstück, hinzu kommen Fitnesseinrichtungen und manchmal ein Pool – dieser ist in Häusern der **gehobenen** und der **Lu-xus-Kategorie** Standard.

Ab dem mittleren Preissegment kann man problemlos **über das In-ternet buchen,** zum Beispiel über die Homepage der Unterkunft oder über gängige Buchungsportale wie www. booking.com oder www.hostelworld. com. In der Luxuskategorie ist das be-denkenlos möglich – hier erlebt man ganz bestimmt keine unangenehmen Überraschungen.

Ein **Tipp für Preisbewusste:** Es kann sich lohnen, die ersten ein bis zwei Nächte in einem gehobenen Ho-tel vorzubuchen und dann selbst vor Ort nach einer günstigeren Unter-kunft zu suchen.

Eng wird es zu den **Feiertagen** wie Chinese New Year oder zu **Groß-events** wie der Formel 1 (s. Liste S. 58). Dann sind die Zimmer zwar selten ausgebucht, dafür schnellen jedoch die Preise in die Höhe!

Unterkunftsempfehlungen

Guesthouses, Pensionen und Hostels

☎**113** [D5] **Backpacker's Travellers Inn** $, 60 A Jl. Sultan, www.backpackerskl.com, Tel. 03 20782473. Schlafsaalbetten sind ab RM 12 zu haben, DZ mit Klima-anlage und eigenem Bad kosten RM 66. WLAN ist im Preis inbegriffen.

☎**114** [D4] **Backpacker's Travellers Lodge** $, 158 A Jl. Tun H. S. Lee, 1. Stock, www.backpackerskl.com (unter „Bran-ches & Friends"), Tel. 03 20222318. Ableger des Backpacker's Travellers Inn mit einfachen und sauberen Zimmern.

Man kann zwischen ausgesprochen günstigen Mehrbettzimmern (RM 10) und DZ verschiedener Kategorien (mit/ohne eigenem Bad) wählen.

☎**115** [D4] **Dragon Inn Hotel & Guest-house** $$, 14 Jl. Petaling, www.dragon innkl.com, Tel. 03 20704333. Kleine, dennoch gepflegte und angemessen ausgestattete Zimmer mitten in China-town. WLAN im Zimmer.

☎**116** [D5] **Grocer's Inn** $, 78 Jl. Sultan, 1. Stock, www.grocersinn.com.my, Tel. 03 20787906. In dem reizvol-len Gebäude aus den 1920er-Jahren bekommt man ein Schlafsaalbett für RM 15. Sehr einfach eingerichtete EZ kosten ab RM 35 (mit Ventilator).

☎**117** [G4] **Orange Pekoe Guesthouse** $$$, 1-1 Jl. Angsoka, off Jl. Nagasari, hinter dem Hotel Istana, www.orangepekoe. com.my, Tel. 03 21102000. Das kleine Guesthouse bietet 16 saubere Zim-mer mit Klimaanlage und kostenlo-sem WLAN. Auf der Veranda und in der Lounge kann man sich entspannen und mit anderen Reisenden aus aller Herren Länder Erfahrungen austauschen.

☎**118** [D4] **Reggae Mansion** $$, 49–59 Jl. Tun H. S. Lee, www.reggaehostelsmalay sia.com/mansion, Tel. 03 20726877. In der Nähe von Chinatown wohnt man hier in einem hübsch restaurierten Kolonial-stilgebäude zu moderaten Preisen in gut ausgestatteten Zimmern, sämtlich mit Gemeinschaftsbädern. Es gibt außerdem preiswerte Schlafsaalbetten.

☎**119** [F4] **Travellers Palm Lodge** $^{\$\$}$, 10 Jl. Rembia, www.travellerspalm-kl. com, Tel. 03 21454745. Sehr nette, kleine, gayfreundliche Unterkunft im Herzen von Bukit Bintang. Hier wohnen auch Heteropaare und Familien.

Hotels

120 [D5] **D'Oriental Inn** $^{\$\$}$, 82 u. 84 Jl. Petaling, www.dorientalinn.com, Tel. 03 20268181. Ansprechend eingerichtete Zimmer. Die Preise können hier oft verhandelt werden.

121 [I1] **DoubleTree Hotel by Hilton** $^{\$\$\$\$}$, The Intermark, 348 Jl. Tun Razak, http://doubletree3.hilton.com, Tel. 03 21727272. In diesem Haus nördlich des Zentrums genießt man eine exzellente Sicht auf die Petronas Twin Towers ⑫. Komfortable Zimmer und ein kleiner Pool sorgen für einen angenehmen Aufenthalt.

122 [A7] **Hilton Kuala Lumpur** $^{\$\$\$\$\$}$, 3 Jl. Stesen Sentral, www3.hilton.com, Tel. 03 22642264. Perfekte Lage unmittelbar am Hauptbahnhof mit idealem Blick über die Stadt. Geräumige, behaglich gestaltete Zimmer. Das Muzium Negara ⑭ und der Perdana Botanical Garden ⑮ sind fußläufig erreichbar.

123 [bk] **Hilton Petaling Jaya** $^{\$\$\$\$}$, 2 Jl. Barat, Petaling Jaya, LRT: Taman Jaya, www3.hilton.com, Tel. 03 79559122. Empfehlenswertes Hotel in Petaling Jaya, das verkehrsgünstig an der LRT-Linie liegt. In 10 – 15 Min. erreicht man das Zentrum KLs. Komfort-Zimmer zu vergleichsweise günstigen Preisen mit ausgezeichnetem Service. In der unmittelbaren Umgebung gibt es etliche Restaurants und Einkaufsmöglichkeiten.

124 [G3] **Hotel Istana** $^{\$\$\$\$}$, 73 Jl. Raja Chulan, www.hotelistana.com.my, Tel. 03 21419988. Istana bedeutet übersetzt „Palast" – und genauso fühlt sich der Gast auch in den großzügigen, eleganten Suiten, die keine Wünsche offen-

lassen, und in der riesigen Lobby, vom privaten Whirlpool nicht zu reden. Hier wohnt, wer Rang und Namen hat.

125 [G3] **Lodge Paradize Hotel** $^{\$\$}$, 2 Jl. Tengah, off Jl. Sultan Ismail, www. lodgeparadize.com, Tel. 03 21420122. Das moderne, betont sachlich gestaltete Boutiquehotel ist in einem Gebäude aus den 1940er-Jahren mitten im Zentrum KLs untergebracht. Die Zimmer sind funktional und einladend eingerichtet.

126 [D5] **Nan Yeang Hotel** $^{\$}$, 83 Jl. Sultan, www.nanyeanghotel.com, Tel. 03 20787477. Das günstige Hotel in Chinatown bietet nahezu alles, was man als Gast benötigt. Die Zimmer sind einfach, aber funktional eingerichtet.

127 [D5] **Swiss-Inn** $^{\$\$\$}$, 62 Jl. Sultan, www.swissgarden.com (unter „Hotel & Resorts"), Tel. 03 20723333. Wer mitten im Geschehen in Chinatown wohnen möchte, dabei jedoch nicht auf Komfort und Stil verzichten mag, der ist hier genau richtig.

128 [D5] **The 5 Elements Hotel** $^{\$\$\$}$, Lot 243, Jl. Sultan, www.the5elements hotel.com.my, Tel. 03 20316888. Gut ausgestattete, elegante Zimmer in Chinatown. Hier fühlt sich der Gast wohl und muss auf nichts verzichten.

Verhaltenstipps

Kuala Lumpur ist die **Hauptstadt eines islamischen Landes** und zugleich **weltoffen.** Damit kann es Reibungspunkte geben, die sich jedoch leicht vermeiden lassen: Besonders wichtig ist **angemessene Kleidung.** Frauen sollten sich nicht zu freizügig kleiden und nach Möglichkeit ihre Schultern bedecken – es ist immer gut, ein Tuch dabei zu haben (auch in den stark klimatisierten Shoppingmalls). Für Männer sind kurze Hosen eher unpassend.

Bei Besuchen in **Privathäusern** und der Besichtigung von **Moscheen und Tempeln** gilt es, stets die **Schuhe auszuziehen**. In Moscheen sollten Männer lange Hosen tragen, Frauen ebenfalls lange Hosen oder Röcke und idealerweise eine langärmlige Bluse. In manchen Moscheen stehen am Eingang **Umhänge und Kopftücher zur Ausleihe** zu Verfügung (s. Infos zum Moscheebesuch S. 80).

Wenn einem der Gastgeber Getränke oder eine Erfrischung anbietet, gilt es als unhöflich, diese nicht anzunehmen. Beim Essen ohne Besteck wird stets nur die **rechte Hand** genutzt. Man grüßt mit rechts und nimmt so Dinge entgegen, außer **Visitenkarten**, die man mit beiden Händen überreicht und entgegennimmt. Möchte man auf irgendetwas deuten, nutzt man statt des Zeigefingers den **rechten Daumen** bei geschlossener Faust.

Grundsätzlich darf in Tempeln und Moscheen **fotografiert** werden, außer es ist per Aushang verboten. Es ist jedoch ein Gebot der Höflichkeit, Menschen, die man ablichten möchte, vorher um Erlaubnis zu fragen („Boleh?").

Moslems trinken **keinen Alkohol**, eine Binsenweisheit, die aber auch bedeutet, dass man nicht überall Alkohol bekommt. Auch zeugt es nicht von Feingefühl, wenn man in Anwesenheit von Muslimen mitgebrachten Alkohol konsumiert.

Verkehrsmittel

Bus

Das öffentliche Bussystem in KL ist nur schwer zu durchschauen. Das Unternehmen **Rapid KL** betreibt das Busnetz und ist auch für die Hoch- und U-Bahnen zuständig. **Routenpläne** kann man unter www.rapidkl.com.my einsehen. Innerhalb der Stadt gibt es verschiedene Busbahnhöfe, der wichtigste ist **Pudu Sentral** (früher Puduraya, s. S. 106). **Fahrkarten** sind mit Preisen ab RM 1 sehr günstig. Leider sind die Busse meist nicht sehr bequem, ausgesprochen laut und fahren im dichten Verkehr,

☑ *Schweißtreibend: einfache Stadtbusse besitzen keine Klimaanlage*

049KI Abb.: ho

stehen also auch häufig im Stau. Exakte Abfahrtzeiten sind zudem eher selten, Nachtbusse gibt es gar nicht. Daher sind die Hoch- und U-Bahnen und das Taxi als Verkehrsmittel eher empfehlenswert.

Hoch- und U-Bahn (LRT, Monorail, KTM Komuter)

Das Schienennetz von KL ist eine gute Alternative zum Bus. Ein großer Teil des Stadtgebiets wird von Zügen versorgt: den beiden Stadtbahnlinien des **LRT** *(Light Rail System),* der **Ampang Line** und der **Kelana Jaya Line,** der einschienigen Hochbahn **KL Monorail** und den Nahverkehrszügen von KTM Komuter. Die Züge von LRT und Monorail fahren in einem dichten Takt (je nach Tageszeit zwischen 3 und 8 Min.), sind preisgünstig (aktuell zwischen RM 0,70 und RM 5,20 pro Fahrt) und zuverlässig. Sie verkehren im Schnitt von 6 Uhr morgens bis 23 Uhr abends. Alle Bahnen treffen sich am Hauptbahnhof KL Sentral (s. S. 106). **KTM Komuter** ist vorwiegend für größere Distanzen interessant und wenn man Ziele außerhalb des Stadtgebietes wie die Batu Caves ㉓ erreichen möchte.

Je nach Belieben kann man an Automaten **Einzelfahrscheine** (sogenannte *token,* also Wertmarken) kaufen oder eine **Mehrfachfahrkarte** erwerben. Bei Letzterem hat man die Wahl zwischen einer MyRapid Card und einem rapidpass. Die **MyRapid Card** gilt nur für die Bahnen LRT und Monorail, ist wiederaufladbar und nicht an eine feste Anzahl von Tagen gebunden. Diese Karte kostet RM 12, wobei RM 10 als Guthaben für Fahrten nutzbar sind. Möchte man mehr fahren, kann man höhere Werte kaufen oder die Karte am Automaten aufladen. **Rapidpass** ist für Touristen nur interessant, wenn sie auch Bus fahren möchten. Für Reisende empfiehlt sich v. a. die Variante *integrasi* für Busse und Bahnen. Es gibt 3-Tages-Karten (RM 50) oder 7-Tages-Karten (RM 25).

☐ *Die Monorail-Bahn fährt auf einer einzigen Schiene*

Den Fahrschein platziert man an einer **Schranke** auf einem **Scanner** und erhält so Zutritt zum Bahnsteig, beim Verlassen des Bahnsteigs passiert man wieder eine solche Schranke. Fährt man mit einem Einzelfahrschein, wird dieser eingezogen; hat man einen Mehrfachfahrschein, erscheint auf dem Scanner der aktuelle Restwert.

Alle **Routenpläne**, Fahrpreise und Informationen zur Bedienung der Automaten findet man auf der Website von Rapid KL.

❯ **Rapid KL:** www.rapidkl.com.my
(mit LRT und Monorail)

❯ **KTM Komuter:** www.ktmkomuter.com.my

Taxi

Überall in KL trifft man auf die **rotweißen Wagen** mit dem „Teksi"-**Schild** auf dem Dach. Man findet sie an den Taxiständen (z. B. vor Einkaufszentren) oder winkt sie am Straßenrand heran. Alle Taxis besitzen **Taxameter** *(meter),* nach denen abgerechnet werden soll, aber zumindest an den großen Sehenswürdigkeiten und den zentralen Shoppingmalls haben vor allem Touristen kaum eine Chance auf reguläre Preise. Dies gilt auch dann, wenn es stark regnet. Stattdessen nennt der Fahrer einen **überhöhten Festpreis**, der natürlich das Doppelte oder Dreifache des regulären Preises beträgt – diskutieren lohnt nur, wenn man gut Malaiisch spricht oder reichlich Zeit und Geduld mitbringt. Statt an den Sehenswürdigkeiten in ein Taxi zu steigen, empfiehlt es sich, ein Taxi irgendwo **am Straßenrand heranzuwinken** und vor dem Einsteigen auf Einschalten des Taxameters zu bestehen. Abends, wenn keine Bahnen mehr fahren, ist die Diskussion bezüglich des Taxameters allerdings zwecklos – man zahlt wohl oder übel die überhöhten Preise!

Legt man **europäische Maßstäbe** an, sind die Taxis immer noch **ausgesprochen billig**. So kostet etwa eine Fahrt vom KLCC (Kuala Lumpur City Centre) zur Petaling Street ❺ ohne größere Staus etwa RM 10–15 (ca. 2,20–3,50 €) – sie dauert ungefähr 15 Min. Weigert sich der Fahrer, das Taxameter einzuschalten, zahlt man etwa RM 20–25 (4,50–5,50 €).

Neben den „normalen" Taxis gibt es außerdem noch die **blauen** sogenannten **Premier oder Executive Taxis**, in denen man mehr Platz hat. Diese fahren immer nach Taxameter, wobei allerdings doppelt so hohe Gebühren entstehen.

An manchen Einkaufszentren, am Flughafen (s. S. 104) und am KL Sentral (s. S. 106) gibt es mittlerweile ein **Couponsystem**, d. h. man kauft an einem Schalter zunächst ein Taxiticket und bekommt dann ein Fahrzeug zugewiesen.

❯ Startgebühr: RM 2 plus RM 0,10 für die ersten 2 km/2 Min., danach RM 0,10 pro 150 m oder 45 Sek., Gepäck kostet zusätzlich RM 1, telefonische Buchung RM 2 extra

Versicherungen

Eine **Auslandsreisekrankenversicherung** ist unbedingt notwendig, denn durch Krankheit oder Unfall entstehende Kosten ersetzen in der Regel weder eine gesetzliche noch eine private deutsche Krankenversicherung. Alle Kosten müssen zunächst vom Betroffenen ausgelegt werden. Gegen Vorlage dieser **Kostenbelege** und von **Nachweisen über Diagnose und Therapie (auf Englisch)** erstattet die

Auslandsreisekrankenversicherung später die entstandenen Kosten.

Man sollte darauf achten, dass die Police die Absicherung für einen möglichen **Rücktransport** aus medizinischen Gründen beinhaltet (gilt aber nur dann, wenn eine Behandlung im Land aus medizinischen Gründen nicht möglich ist) sowie den Rücktransport im Todesfall.

Wetter und Reisezeit

Kuala Lumpur liegt **in den Tropen.** Damit gibt es hier keine Jahreszeiten im üblichen Sinne, sondern vielmehr Regen- und Trockenzeiten, die durch den Monsun bestimmt werden. Allerdings bildet KL durch seine Lage zwischen Gebirge und Meer eine Ausnahme: Es gibt **keine echte Regenzeit.** Prima, mag nun mancher denken, aber das bedeutet auch, dass es keine richtige Trockenzeit gibt. So muss ganzjährig mit Regenfällen gerechnet werden, wenngleich die Sonne an vielen Tagen einfach nur tropisch heiß vom Himmel brennt.

Als Faustregel gilt, dass etwa ab Oktober die Niederschlagsneigung deutlich zu- und erst ab April wieder abnimmt. Die **trockensten Monate** sind **Juni bis August.**

Trotz der Niederschläge hat man durchschnittlich sechs Sonnenscheinstunden pro Tag und **Temperaturen** von meist 31–33 °C. Bei klarem Himmel steigen sie noch um ein paar Grad. Selbst nachts kühlt es sich kaum auf weniger als 25 °C ab.

Hinzu kommt noch eine **Luftfeuchtigkeit** von 85 bis fast 100 %, was empfindlichen Menschen zumindest in den ersten Tagen **Kreislaufbeschwerden** bereiten kann.

Zusammengefasst lässt sich KL also ganzjährig gut bereisen, man sollte aber immer auf z. T. plötzliche, manchmal auch **sintflutartige Regenfälle** gefasst sein. Wenn wichtige **Feiertage** wie Chinese New Year (s. S. 56) und das Ende des Ramadan (s. S. 57) oder aber **internationale Events** wie Formel 1 (s. S. 56) anstehen, sind Transportmittel und Zimmer oft schon lange im Voraus ausgebucht, Zimmer sind dann oft erheblich teurer.

▷ *Etliche rote Lampions schmücken den Thean Hou Temple* ㉑

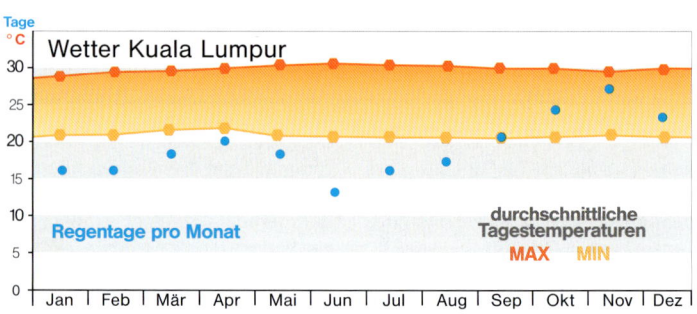

Tage
°C
Wetter Kuala Lumpur

30

25

20

15

10

Regentage pro Monat

5

durchschnittliche Tagestemperaturen
MAX **MIN**

0

Jan | Feb | Mär | Apr | Mai | Jun | Jul | Aug | Sep | Okt | Nov | Dez

Anhang

006ki Abb.: mr

Kleine Sprachhilfe Malaiisch

Diese Sprachhilfe entstammt dem Kauderwelsch-Band „Malaiisch – Wort für Wort" (Band 26), erschienen im REISE KNOW-HOW Verlag. Unter „Nichts verstanden?" (s. S. 134) ist erst die deutsche Entsprechung und darunter eine Wort-für-Wort-Übersetzung angegeben.

Aussprache der Vokale

Hier sind diejenigen Buchstaben(kombinationen) aufgeführt, deren Aussprache abweichend vom Deutschen ist/sein kann.

a	mittellang, am Ende eines Wortes als stumpfes „e" gesprochen; saya (ich) wird zu saye wie in „Schale": apa (was); nama (Name); jalan (Straße, Weg)
e	teils halboffen und mittellang (gilt dann als hartes „e") wie in „rechts", teils stumpf und kurz (weiches „e"), zwischen zwei Konsonanten meist verschluckt (gilt dann als weich), ein Beispiel für beide „e" ist „essen": empat (vier); peta (Land/-Karte)
i	mittellang wie in „mit": kita (wir); sakit (krank)
o	mittellang und mitteloffen, etwa zwischen „oft" und „Note": boleh (können); kota (Stadt, Festung)
u	mittellang wie in „Buch", „muss": buku (Buch), bulan (Mond, Monat)

Aussprache der Konsonanten

c	wie „tsch" in „klatschen": kecap (Soße, Ketchup); cukup (genug)
f	in arabischen und anderen Fremdwörtern, meist als „p" gesprochen: fikir pikir (denken)
h	wie im Dt., am Wortanfang kaum, am Wortende deutlich gesprochen: hutan utan (Wald); hujan ujan (Regen); rumah (Haus); tanah (Land)
j	wie im Englischen „jungle" (Dschungel): jual (verkaufen); belajar (lernen)
k	wird im Malaiischen am Wortende kaum ausgesprochen; Kehlkopfver schlußlaut an Stelle des „k": budak buda' (Kind); tarik tari' (ziehen)
r	als letzter Buchstabe einer vorletzten Silbe deutlich mitgesprochen: kertas (Papier); aber wie im Dt. kaum am Satzende : pasir (Sand); telur (Ei)
s	scharf wie in „Kasse": susu (Milch); sejuk (kalt)
v	wie in „Vase"; kommt in Lehnwörtern vor: van (Lieferwagen); universiti (Universität)
w	immer wie engl. „w" in water: wanita (Frau); warna (Farbe)
y	wie deutsches „j" in „Jagd": ya (ja); yang (Rel.Pron.)
z	wie weiches „s" in „Rose": zaman (Zeit, Epoche)
gh	arabischer „Reibelaut", ähnlich dem frz. „r"
kh	kommt ebenfalls in Wörtern arab. Ursprungs vor, fast wie unser „ch" in „ach": khabar (Neuigkeiten)
ng	ist ein einziger Laut wie in „Finger", ohne gesondertes „g": angin (Wind)
ny	wie „nj": minyak (Öl); nyamuk (Moskito); banyak (viel)
sy	wie „sch": syarikat (Firma); masyarakat (Gesellschaft)

+++ NEU: Die wichtigsten Wörter mit dem Bonus-Audiotrack des Kauderwelsch-

Die wichtigsten Floskeln und Redewendungen

ja	*ya*
nein	*tidak*
es gibt (nicht)	*(tidak) ada*
Hallo!	*hai*
Was möchtest Du?	*Apa mau awak?*
Ich möchte ... (nicht).	*Saya (tidak) mau ...*
Danke	*terima kasih*
Verzeihung	*minta maaf*
Macht nichts.	*Ta' apa-apa*
Ich weiß nicht.	*Ta' tau.*
Ich habe keine Zeit.	*Saya tiada sempat.*
Guten Morgen	*selamat pagi*
Guten Abend	*selamat malam*
Gute Nacht	*selamat tidur*
Gute Reise!	*selamat jalan*
Herzlich willkommen!	*selamat datang*
Bis zum nächsten Mal!	*Sampai jumpa lagi.*
Ich steige hier aus.	*Turun di sini.*
Ich möchte ... kaufen.	*Saya mau beli ...*
Ich liebe dich.	*Aku cinta pada mu.*
Hilfe, schnell, schnell!	*Tolong, cepat-cepat.*
Ich bin krank/verletzt.	*Saya sakit.*

Die wichtigsten Fragen

Wo ist ...?	*Mana ...?*
Wer ist das?	*Siapakah ini?*
Was ist das?	*Apakah itu?*
Wo kann ich ... kaufen?	*Di mana boleh saya membeli ...?*
Was kostet das?	*Berapa ini?*
Wie teuer ist das?	*Berapa harga?*
Wie spät ist es?	*Jam/pukul berapa?*
Wie lange dauert das?	*Berapa jam?*
Wie heißt Du?	*Siapa nama?*
Woher kommst Du?	*Saudara/i dari mana?*
Wie alt bist du?	*Umur berapa?*
Was ist dein Beruf?	*Kerja apa?*
Wie viele Kinder hast Du?	*Anak berapa orang?*
Ist dies der Weg nach ...?	*Adakah jalan ini jalan ke ...?*
Wie weit ist es von hier nach ...?	*Berapa jauh ... dari sini?*
Wo fährt der Bus nach ab?	*Dari manakah bas ke ... berlepas?*
Um wie viel Uhr fährt der Bus nach ... ab?	*Pukul berapa bas ke ... berlepas?*
Wo kann ich ein Auto/ Motorrad leihen?	*Di mana boleh saya menyewa motokar/motosikal?*

AusspracheTrainers auf PC oder Smartphone lernen (siehe Umschlag hinten) +++

Wochentage

hari Ahad/(hari minggu)	Sonntag
hari Isnin	Montag
hari Selasa	Dienstag
hari Rabu	Mittwoch
hari Khamis	Donnerstag
hari Jumaat	Freitag
hari Sabtu	Samstag

Zahlen

0	kosong
1	satu (se-)
2	dua
3	tiga
4	empat
5	lima
6	enam
7	tujuh
8	lapan
9	sembilan
10	sepuluh
11	sebelas
30	tiga puluh
65	enam puluh lima
123	seratus dua puluh tiga
404	empat ratus empat
1100	seribu seratus
1572	seribu lima ratus tujuh puluh dua
10 000	sepuluh ribu
1 Million	sejuta/satu juta
5 Millionen	lima juta

Zeitangaben

pagi	morgens, vormittags
pagi-pagi	sehr früh morgens
tengahari	mittags
petang	nachmittags
malam	abends, nachts
jam	Stunde, Uhr
minit	Minute
saat	Sekunde
waktu, masa	Zeit
tarikh	Datum

Fragewörter

siapa	wer
di mana/ke mana	wo/wohin
siapa punya	wessen
dari mana/yang mana	woher/welcher
kenapa, mengapa	warum, weshalb
bagaimana, macam mana	wie
bila	wann

Richtungsangaben

ke kiri	nach links
ke kanan	nach rechts
terus	geradeaus
belok	abbiegen
utara/selatan	Norden/Süden
barat/timur	Westen/Osten

Nichts verstanden?

Boleh cakap Bahasa Malaysia?	Sprichst Du Malaiisch? *können sprechen Sprache Malaysia*
Ya, sedikit saja.	Ja, ein bisschen. *ja etwas nur*
Saya tak faham kata ini.	Ich verstehe dieses Wort nicht. *ich nicht verstehen Wort dieses*
Tolong jangan cakap cepat-cepat.	Bitte sprich nicht so schnell. *bitte nicht sprechen schnell-schnell*

Register

Register

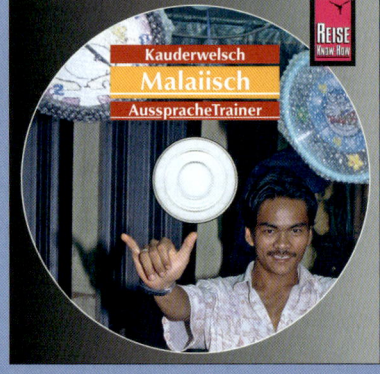

Die Autoren

Klaudia und **Eberhard Homann** bereisen seit Ende der 1970er-Jahre gemeinsam die Welt. Neben europäischen Destinationen führen ihre Reisen sie immer wieder nach Südostasien, in den Mittleren Osten, die USA und nach Mexiko. In Europa sind vor allem Frankreich (hier die Bretagne und die Côte d'Azur/Provence) ihre bevorzugten Reiseziele. Die Freizeitpädagogin Klaudia ist dabei speziell an der kulturellen Vielfalt interessiert, während der Biologe Eberhard überall auf der Suche nach mehr oder weniger exotischen Pflanzen und Tieren ist oder die Unterwasserwelt der Meere erkundet. All ihre Reisen führen die beiden seit 1992 mit ihrer Tochter durch, die sich zunehmend in das aktive Reisen und Recherchieren mit einbringt. So kann man auch in diesem Buch einige Bilder von Tanah Rebecca Homann finden, die sich besonders auf den Schwerpunkt Hotel spezialisiert, nachdem die angehende Psychologin erfolgreich Praktika in internationalen Hotels absolviert hat.

KL bietet alles, was die drei suchen: Exotik, Natur, exzellente Shoppingmöglichkeiten, leckere Speisen in allen Preisklassen, viele spannende Einblicke in fremde Kulturen und, nicht zu vergessen, meist ideales Wetter mit herrlichen Temperaturen.

Schreiben Sie uns

Dieser CityTrip-Band ist gespickt mit Adressen, Preisen, Tipps und Infos. Nur vor Ort kann überprüft werden, was noch stimmt, was sich verändert hat, ob Preise gestiegen oder gefallen sind, ob ein Hotel, ein Restaurant immer noch empfehlenswert ist oder nicht mehr usw. Unsere Autoren sind zwar stetig unterwegs und erstellen alle zwei Jahre eine komplette Aktualisierung, aber auf die Mithilfe von Reisenden können sie nicht verzichten.

Darum: Schreiben Sie uns, was sich geändert hat, was besser sein könnte, was gestrichen bzw. ergänzt werden soll. Wenn sich die Infos direkt auf das Buch beziehen, würde die Seitenangabe uns die Arbeit sehr erleichtern. Gut verwertbare Informationen belohnt der Verlag mit einem Sprachführer Ihrer Wahl aus der über 220 Bände umfassenden Reihe „Kauderwelsch".

Bitte schreiben Sie an:
REISE KNOW-HOW Verlag Peter Rump GmbH, Postfach 140666, D-33626 Bielefeld, oder per E-Mail an: info@reise-know-how.de

Danke!

Bildnachweis

Soweit nicht direkt am Bild vermerkt, stehen die Kürzel an den Abbildungen für folgende Fotografen:

ho und S. 2: Klaudia, Eberhard und Tanah Rebecca Homann

mr und Umschlagklappe rechts: Michaela Raßloff
nr Nicolaus Raßloff
Umschlag: fotolia.com © charnsitr

Liste der Karteneinträge

Liste der Karteneinträge

Hier nicht aufgeführte Nummern
liegen außerhalb der abgebildeten Karten. Ihre Lage kann aber wie bei allen Ortsmarken im Buch mithilfe unserer Kartenansichten unter Google Maps™ gefunden werden (s. S. 144).

Zeichenerklärung

❶	Hauptsehenswürdigkeit
[C6]	Verweis auf Planquadrat
	Bar, Klub, Treffpunkt
	Bibliothek
	Biergarten, Pub, Kneipe
	Botschaft
	Café
	Denkmal
	Freibad
	Galerie
	Geschäft, Kaufhaus, Markt
	Hotel, Unterkunft
	Hafen
	Hallenbad
	Imbiss, Bistro
	Informationsstelle
@	Internetcafé
	Kirche
	Krankenhaus, Arzt
	Moschee
	Museum
	Musikszene, Disco, Klub
P	Parkplatz
	Pension, Guesthouse, Hostel
	Polizei
	Post
	Restaurant
★	Sehenswürdigkeit
•	Sonstiges
	Tempel
	Theater
	Turm
	Vegetarisches Restaurant
M	Monorail
	LRT: Kelana Jaya Line
	LRT: Ampang Line
	Shoppingareal
	Gastro- und Nightlife-Areal
—	Stadtspaziergang (s. S. 21)

Kuala Lumpur mit PC, Smartphone & Co.

GRATIS-APP

✓**orientieren**
✓**informieren**
✓**verständigen**

QR-Code auf dem Umschlag scannen oder **http://ct-kualalumpur14.reise-know-how. de** eingeben und die **kostenlose CityTrip-App** aufrufen!

★ Anzeige der Lage und Luftbildansichten **aller** beschriebenen Sehenswürdigkeiten und touristisch wichtigen Orte
★ **Routenführung** vom aktuellen Standort zum gewünschten Ziel
★ **Exakter Verlauf** des empfohlenen Stadtspaziergangs
★ **Audiotrainer** der wichtigsten Wörter und Redewendungen
★ **Aktuelle Infos** nach Redaktionsschluss

Weitere **kostenlose Downloads** auf **www.reise-know-how.de** auf der Produktseite dieses Titels unter „Datenservice":
★ **Faltplan als PDF mit Geodaten:** nutzbar auf allen Geräten mit PDF-Reader. Für Smartphones/Tablets empfiehlt sich die App „PDF Maps" von Avenza™ mit einer breiten Funktionspalette.
★ **GPS-Daten aller Ortsmarken:** einfacher Import in GPS-Geräte, Navis und Geosoftware auf PCs und mobilen Geräten.

http://ct-kualalumpur14. reise-know-how.de

Unsere App-Empfehlungen zu Kuala Lumpur

❭ **MyTeksi:** Mit dieser App kann man ein Taxi ordern, erhält Infos zum Fahrer und dessen Standort sowie einen Kostenvoranschlag (kostenlos für Android, iOS und Windows).
❭ **KL Train:** aktuelle Infos zum Schienennetz in Kuala Lumpur inkl. Anzeige der nächstgelegenen Station, Reiseplaner und Gesamtzugnetz (kostenlos für iOS)
❭ **KL Transport Planner:** mobile Anwendung zu Bus und Bahn in KL mit Routennetz, Geolokalisierung und Reiseplaner (kostenlos für Android)
❭ **Time Out Kuala Lumpur:** App des bekannten KLer Stadtmagazins mit umfangreichem Veranstaltungskalender (kostenlos für iOS)
❭ **Kuala Lumpur Mall Guide:** Alle großen Einkaufszentren der Stadt mit Filialfinder und Öffnungszeiten, teils mit Übersichtsplänen über Stockwerke und Shops (0,89 € für iOS).
❭ **Happy Hours Kuala Lumpur:** Diese App gibt Auskunft über Happy-Hour-Angebote in den Bars, Pubs und Klubs der Stadt (kostenlos für Android und iOS).